BLACK
BLOCS

copyright Lux Éditeur

título original Les Black blocs: la liberté et l'égalité se manifestent
primeira edição 2007

edição Leticia de Castro e Marieta Baderna
coedição Leda Cartum
assistência editorial Luan Maitan
preparação Leda Cartum
capa Deborah Salles

Dados Internacionais de Catalogação na Publicação – CIP

D944 Dupuis-Déri, Francis.
Black Blocs. / Francis Dupuis-Déri. Tradução de Guilherme Miranda. – São
Paulo: Veneta, 2014.
284 p.

Título original: Les Black blocs: la liberté et l'égalité se manifestent.
Montreal: Lux Éditeur, 2007.

ISBN 978-85-631-3714-2

1. Sociologia. 2. Antropologia Social. 3. Antropologia das Formas
Expressivas. 4. Movimentos Sociais. 5. Globalização. 6. Capitalismo.
7. Anarquistas. 8. Movimentos Sociais Antiglobalização. 9. Protestos de Rua.
I. Título. II. Miranda, Guilherme. III. Quem tem medo dos Black Blocs? IV.
De onde vêm os Black Blocs? V. Violência política. VI. As origens da raiva
contra o sistema. VII. Críticas aos Black Blocs: fogo amigo?

CDU 316.35

---

*Grafia atualizada segundo o Acordo Ortográfico da Língua
Portuguesa de 1990, em vigor no Brasil desde 2009.*

*Direitos reservados em língua
portuguesa somente para o Brasil*

EDITORA VENETA LTDA.
R. Araújo, 124 (1º andar)
01220–020 São Paulo SP Brasil
Telefone/Fax +55 11 3211 1233

contato@veneta.com.br
veneta.com.br

Foi feito o depósito legal.

BLACK BLOCS
Francis Dupuis-Déri

Guilherme Miranda (*tradução*)

1ª edição

São Paulo_2014

Sumário

Quem tem medo dos Black Blocs?	9
De onde vêm os Black Blocs?	35
Violência política	79
As origens da raiva contra o sistema	119
Críticas aos Black Blocs: fogo amigo?	141
Conclusão	191
Sugestões de leitura	225
Notas	227

Quem tem medo dos Black Blocs?

> [...] nunca vistos a não ser quando temidos [...]
> Não esqueçam: eles vão às ruas [...]
>
> Léo Ferré, Les anarchistes

> Os Black Blocs são os melhores filósofos políticos da atualidade.
>
> Nicolas Tavaglione ("Qui a peur de l'homme noir?", Le Courrier, Gênova)

> Um dia, a história nos vingará.
>
> Participante de Black Bloc, Toronto, junho de 20 (Casse sociale 5, 2010)

Em meio às nuvens de gás lacrimogênio, policiais fortemente armados enfrentam os vultos nas ruas. Mascarados e vestidos de preto, esses vultos são os "Black Blocs". A bandeira negra da anarquia ondula em meio ao voo de garrafas, pedras e, algumas vezes, coquetéis Molotov. Os policiais atiram granadas de gás lacrimogênio e balas de borracha — às vezes, balas de verdade.

A ação se desenrola num cenário de bancos e lojas de grifes multinacionais com as vitrines estilhaçadas e as paredes cobertas por pichações anarquistas e anticapitalistas. Desde a épica "Batalha de Seattle", ocorrida em 30 de novembro de 1999, durante a reunião da Organização Mundial do Comércio (OMC), a mídia vem filmando esses cenários com entusiasmo.

Segundo um mito muito difundido, só existiria um Black Bloc, uma única organização permanente com múltiplas ramificações internacionais. Na verdade, porém, o termo Black Blocs representa uma realidade mutável e efêmera. Os Black Blocs são compostos por agrupamentos pontuais de indivíduos ou grupos de pessoas formados durante uma marcha ou manifestação. A expressão designa uma forma específica de ação coletiva, uma tática que consiste em formar um bloco em movimento no qual as pessoas preservam seu anonimato, graças, em parte, às máscaras e roupas pretas. Embora os Black Blocs por vezes recorram à força para exprimir sua crítica radical, eles costumam se contentar em desfilar calmamente. O principal objetivo de um Black Bloc é indicar a presença de uma crítica radical ao sistema econômico e político. Nesse sentido, um Black Bloc é como uma grande bandeira negra formada por pessoas no centro de uma manifestação. Como afirmou um ativista, "o Black Bloc é nosso estandarte".[1] Para explicitar ainda mais sua mensagem, os Black Blocs costumam ostentar diversas bandeiras anarquistas (pretas ou vermelhas e pretas) e faixas com lemas anticapitalistas e antiautoritários.

Não existe uma organização social permanente que atenda pelo nome de Black Bloc ou que reivindique esse título, embora, em algumas ocasiões, as pessoas envolvidas em um Black Bloc publiquem um comunicado anônimo depois do protesto para explicar e justificar suas ações. Mais recentemente, em 2013, páginas do Facebook ligadas aos Black Blocs no Egito e no Brasil ofereceram explicações sobre desobediência civil, justificativas para o uso da força nos protestos nas ruas, e críticas à violência estrutural do capitalismo e do sistema estatal.

Mesmo na extrema esquerda, podem-se ouvir vozes contra a "confusão teórica" e a "pobreza teórica" dos Black Blocs e seus aliados.[2] Mas essa forma de crítica é equivocada, uma vez que estima o valor ideológico de ações diretas usando critérios alheios a tais gestos, e comparando-os, por exemplo, a tratados de filosofia política e social. Para muitos de seus participantes, a tática dos Black Blocs possibilita que eles expressem uma visão de mundo e uma rejeição radical ao sistema político e econômico, mas nem por isso são ingênuos ao ponto de achar que essa ação possa desenvolver uma teoria geral da sociedade e da globalização capitalista. O Black Bloc não é um tratado de filosofia política, muito menos uma estratégia. É uma tática. Uma tática não envolve relações de poder globais, nem tomadas de poder, tampouco tenta se livrar do poder e da dominação. Uma tática não envolve uma revolução global. Isso, porém, não implica em renunciar à ação e ao pensamento políticos. Uma tática como a dos Black Blocs é uma forma de se comportar nos protestos de rua. Ela pode ajudar a dar voz às pessoas que protestam na rua, oferecendo-lhes a oportunidade de expressar uma crítica radical ao sistema, ou fortalecendo sua capacidade de resistir aos ataques da polícia contra a população.

De modo geral, os homens e mulheres que participam de Black Blocs atribuem um sentido político claro a suas ações diretas. Sua tática, quando envolve o uso de força, lhes possibilita mostrar ao "público" que nem a propriedade privada nem o Estado, representado pela polícia, é sagrado, assim como indicar que alguns estão preparados para se colocar no caminho do perigo a fim de expressar sua fúria contra o capitalismo ou o Estado, ou sua solidariedade para com os menos favorecidos pelo sistema. Uma mulher que participou de muitos Black Blocs contou que suas ações contra as empresas e os veículos da mídia têm o objetivo de "mostrar que não queremos empresas e veículos de mídia com taxas de lucro inacreditáveis e que se beneficiem do comércio livre às custas da população".[3]

O tipo de ação dos Black Blocs entra dentro do espetáculo midiático, na medida em que busca introduzir um contraespetáculo, ainda que, de certa forma, este dependa do espetáculo oficial, e da mídia pública e privada.[4] Um participante de um Black Bloc em Toronto, em 2010, afirmou: "O Black Bloc não vai fazer a revolução. Seria ingênuo pensar que, por si só, o ataque seletivo contra a propriedade privada poderia mudar as coisas. Isso continua sendo propaganda".[5]

Um Black Bloc pode variar de tamanho, tendo de alguns poucos indivíduos até muitas centenas. Durante a greve estudantil no Quebec de 2012, por exemplo, não era raro que se referissem a uma única pessoa que usasse as roupas apropriadas como "um Black Bloc". Em certos casos, vários grupos Black Blocs atuam simultaneamente durante um único evento. Foi o que aconteceu, por exemplo, nas marchas contra a Cúpula das Américas no Quebec, em abril de 2001. Os maiores grupos Black Blocs ainda são encontrados na Alemanha, onde os participantes variam de algumas centenas a milhares de pessoas.

Em princípio, qualquer pessoa vestida com roupas pretas pode entrar na multidão de preto. Nas passeatas contra cortes nos serviços públicos, realizadas em Londres em

31 de março de 2011, um membro do Black Bloc explicou: "Não fazíamos ideia de que havia tanta gente no evento de sábado, e não fazíamos ideia de como as ações seriam radicais. A ideia do Black Bloc se espalhou como uma onda pela marcha. Quando as pessoas viram outras de preto, também passaram a usar preto. Alguns manifestantes até deixaram o protesto para comprar roupas pretas".[6]

Apesar disso, às vezes são feitos chamados pela internet para a formação de um Black Bloc como parte de uma mobilização maior — foi o caso, por exemplo, de uma das primeiras ocorrências, na Cúpula das Américas em 2001; ou por meio de cartazes em muros, como em Berlim antes do Primeiro de Maio de 2013. Para eventos muito importantes, grupos com afinidades podem se encontrar horas ou dias antes de uma manifestação para planejar e coordenar suas ações, e não são raros encontros de coordenação que ocorrem semanas ou até mesmo meses antes. No entanto, o mais comum é que os Black Blocs surjam de maneira espontânea.

"Vestir preto permite que você ataque e depois volte para o Black Bloc, onde é sempre só mais um entre muitos outros",[7] explica um veterano de diversos Black Blocs, comentando que o anonimato possibilita frustrar, ao menos em parte, a vigilância da polícia, que filma todas as manifestações e confisca imagens dos meios de comunicação para identificar, prender e intimar "vândalos".[8] "Dependendo da situação", diz ele, "as pessoas envolvidas em ações diretas podem escolher se dispersar, trocar de roupas e desaparecer em meio à multidão." Essa tática, que se provou eficaz após a Batalha de Seattle, agora perdeu parte de seu efeito-surpresa, o que facilita que a polícia reprima ou manipule os manifestantes que a empregam. Contudo, ela ainda pode ser eficaz em algumas ocasiões, porque a polícia e os serviços de segurança não são todo-poderosos e não controlam tudo.

Em 2002, depois de vários eventos espetaculares em Washington, Praga, Gotemburgo, Quebec e Gênova, ativistas como Severino, membro do coletivo Barricada, de Boston, e ligado à Northeastern Federation of Anarcho-Communists (NEFAC), questionou se "a tática dos Black Blocs perdeu sua utilidade".[9] Em resposta à intensa repressão após os ataques de Onze de Setembro nos Estados Unidos em 2001, à realocação das principais cúpulas internacionais e à proibição de manifestações, outros declaram pura e simplesmente que "o Black Bloc morreu".[10]

Apesar desses anúncios de morte, o Black Bloc ressuscitou diversas vezes nos últimos anos. Em setembro de 2003, cerca de cem anarquistas turcos organizados em Black Blocs marcharam contra "o sistema e a guerra" nas ruas de Ancara. Ao fim do evento, queimaram suas bandeiras antes de se dispersar.[11] Em 2005, um Black Bloc atuou no protesto contra o G8 na Escócia. Em 2007, um bloco de alguns milhares de pessoas marchou contra o G8 em Heilingendamm/Rostock, na Alemanha. Janelas de bancos foram quebradas, uma viatura de polícia vandalizada, um escritório da Caterpillar foi incendiado — porque haviam sido utilizados equipamentos da Caterpillar para deslocar comunidades palestinas à força em territórios ocupados por Israel[12] — e 400 policiais foram feridos.[13]

No fim de 2008, um Black Bloc entrou em ação em Vichy, França, durante a cúpula da União Europeia (UE) sobre imigração. Depois, em 6 de dezembro de 2008, na Grécia, após a morte de um anarquista de 15 anos, chamado Alexandros Grigoropoulos, nas mãos da polícia ateniense no bairro de Exarchia, tumultuosas manifestações ocorreram em todo o país, com a participação de muitos contingentes de Black Blocs. Foram feitas passeatas em solidariedade no bairro de Kreuzberg, em Berlim, e em Hamburgo, onde um Black Bloc de algumas dezenas de pessoas gritava: "Grécia, foi assassinato! Resistência em toda parte!". Cenas parecidas aconteceram em Barcelona, onde janelas de bancos foram destruídas; em Madri, onde uma delegacia de polícia foi atacada; e em Roma, onde foram jogadas pedras na embaixada grega.[14] No ano seguinte, a tática do Black Bloc foi empregada em Estrasburgo, durante a Cúpula da OTAN; em Poitiers, em que uma penitenciária e algumas vitrines da loja da companhia telefônica Bouygues Telecom foram atacadas; em Londres, no G20 (abril); e em Pittsburgh, também contra o G20 (setembro). Alguns meses depois, em fevereiro de 2010, foi formado um Black Bloc em Vancouver durante uma manifestação como parte da campanha "No Olympic Games on Stolen Native Land" [Nada de Jogos Olímpicos em território roubado dos nativos]. Janelas da loja de departamentos The Bay, patrocinadora dos Jogos, foram destruídas. No mesmo ano, um Black Bloc enfrentou a polícia durante a marcha do Primeiro de Maio em Zurique. Ainda em 2010, durante as reuniões realizadas para preparar as mobilizações contra a Cúpula do G20 em Toronto, militantes anticapitalistas em Montreal sugeriram que os Black Blocs eram coisa do passado e que era hora de seguir em frente.

Contudo, em Toronto, apesar de quase um bilhão de dólares gastos em segurança, meses de tentativas de infiltração policial e inúmeras detenções preventivas, um Black Bloc de 200 a 300 pessoas, acompanhado por mil manifestantes, conseguiu passar pela polícia e quebrar dezenas de vitrines ao longo das veias comerciais da cidade.[15] Em menos de uma hora, o Black Bloc atingiu bancos e postos de serviços financeiros (CIBC, Scotiabank, Western Union), conglomerados multinacionais de telecomunicações (Rogers, Bell), cadeias de *fast-food* (McDonald's, Starbucks, Tim Hortons), lojas de roupas (Foot Locker, Urban Outfitters, American Apparel) e uma corporação de entretenimento (HMV),[16] sem mencionar os carros da mídia (incluindo os da CBC) e da polícia (o Police Museum e quatro viaturas policiais foram incendiados, embora nem todos pelo Black Bloc).[17] Muitos torontonianos criticaram essas ações, porque algumas empresas pequenas, como a Horseshoe Tavern e a Urbane Cyclist, também sofreram danos, aparentemente sem razões políticas.

Como crítica feminista, o *strip club* Zanzibar também foi atacado.[18] Um cartaz na fachada dizia: "175 dançarinas sexys — Esqueça o G8 e experimente o G-String [espécie de tapa sexo] — Os líderes do G20 resolvem a paz mundial em nossas salas VIP".[19] Ao falar com um jornalista, uma manifestante explicou: "Isso tudo faz parte da máquina de guerra sexista dominada por homens".[20] Para os ativistas, a importância política dessas ações é inequívoca. "Não é violência", diz um. "É vandalismo contra corporações violentas. Não machucamos ninguém. São eles que machucam as pessoas."[21]

Após a Cúpula do G20 em Toronto, surgiram Black Blocs durante as mobilizações "antiausteridade" em Londres (março de 2011); um pequeno Black Bloc se mobilizou contra o G8 em Deauville, França (maio de 2011); e um muito maior foi formado como parte do movimento "No TAV" contra a construção de uma linha de trem de alta velocidade no Vale de Susa, Itália (julho de 2011). Em setembro de 2011, um Black Bloc participou da passeata anual em defesa de direitos humanos em Tel Aviv.

O Occupy Movement, que havia acampado em diversas cidades do Ocidente no segundo semestre de 2011, convocou manifestações em outubro do mesmo ano. Black Blocs compareceram às manifestações do Occupy em Oakland, onde foram realizadas ações contra o Chase Bank, Bank of America, Wells Fargo, Whole Foods Market e contra o escritório do presidente da Universidade da Califórnia. Enquanto isso, em Roma, Black Blocs atacaram diversos bancos e dezenas de policiais foram feridos. Em 2012, foram vistos Black Blocs durante a maior e mais longa greve estudantil na história do Quebec. Houve também um Black Bloc em 29 de março de 2012, em uma greve geral contra as reformas na lei trabalhista na Praça da Catalunha em Barcelona, e em uma manifestação em massa na Cidade do México contra a posse do novo presidente. Black Blocs também atuaram na Grécia durante a onda de protestos contra as políticas de austeridade. Em janeiro de 2013, um grupo autodenominado "Black Bloc" (em inglês) surgiu entre os manifestantes no Egito. De acordo com a BBC:

membros do grupo apareceram na Praça Tahrir em 25 de janeiro, tocando tambores e dizendo que iriam "continuar a revolução" e "defender os manifestantes" [...] O Black Bloc se descreveu como um grupo que estava "tentando liberar o povo, acabar com a corrupção e derrubar tiranos" [...]

Filmagens noturnas mostram homens de roupas e máscaras pretas. Alguns levam a bandeira do Egito, enquanto outros portam bandeiras negras com um "A" escrito, símbolo internacional do anarquismo.[22]

Além disso, Black Blocs estiveram presentes nas marchas de Primeiro de Maio em Montreal e Seattle, e um pequeno Black Bloc enfrentou a polícia em manifestações contra a cúpula da OTAN em Chicago no mesmo mês. Finalmente, no Brasil, em meados de 2013, Black Blocs estiveram envolvidos em protestos de rua no Rio de Janeiro,

São Paulo e Belo Horizonte, durante manifestações contra o aumento dos preços do transporte público.

Os ativistas vestidos de preto conhecidos como Black Blocs não são os únicos manifestantes mascarados a participarem de revoltas políticas contemporâneas e manifestações com confrontos. Jovens palestinos, com os rostos envolvidos nos tradicionais *keffiyeh*, e armados apenas com pedras, confrontam soldados israelenses há anos. Na América hispânica, jovens *encapuchados* lutam contra a polícia há muito tempo, como durante as mobilizações estudantis no Chile.[23]

Apesar disso, os Black Blocs chamaram atenção especial e se constituíram como um grupo político distinto, em parte graças a seu visual único, mas também porque foram associados de forma relativamente indiscriminada à anarquia e à irracionalidade destruidora. Por exemplo, uma matéria da *Toronto Star* sobre as manifestações em massa contra o G20 identificou "anarquistas dos famosos Black Blocs", especificando que eram "cerca de 100 anarquistas do Black Bloc com roupas pretas da cabeça aos pés, liderando uma multidão furiosa de cerca de 300 [...] destruindo fachadas de lojas e criando o tipo de tumulto generalizado por que são conhecidos em cúpulas do G8 e do G20 no mundo todo".[24]

A fascinação pelos Black Blocs é tamanha que se tornou um tema digno de primeira página. No dia seguinte à maior manifestação contra o G20 em Toronto, o jornal *Toronto Star* publicou a manchete "Behind the Black Bloc: G20 Violence" [Por trás do Black Bloc: Violência no G20]. Um dia depois, o mesmo jornal publicou a matéria intitulada "Who is the Black Bloc?" [Quem é o Black Bloc?]. Quando o Black Bloc surgiu pela primeira vez no Egito, em janeiro de 2013, a notícia foi publicada pela mídia canadense, francesa, alemã, britânica, japonesa, israelense, espanhola, suíça, tunisiana e norte-americana.

No Brasil, houve uma agitação tão grande sobre os Black Blocs que, em agosto de 2013, a revista progressista *Carta Capital* fez a seguinte enquete com seus leitores: "O Black Bloc, forma de protesto antissistema, usa a depredação de bancos e fachadas de grandes empresas como meio de atuação. O que você acha? (1) Sou contra qualquer tipo de vandalismo, em qualquer hipótese. (2) No caso de determinadas empresas, desde que ninguém seja ferido, sou a favor". O resultado? 11.835 pessoas responderam, das quais 7.903 (66%) eram a favor das ações dos Black Blocs.[25]

Com muita frequência, o termo em inglês "Black Bloc" é emprestado para outras línguas. Por exemplo, no Brasil, em 2013, a mídia publicou manchetes como "Conheça a estratégia 'Black Bloc', que influencia protestos no Brasil" (*G1 Globo*, 12 de julho de 2013) e "Para especialistas, ideário 'black bloc' permanece ativo" (*Folha de S Paulo*, 4 de agosto de 2013).[26] Na Itália, em 4 de julho de 2011, após a mobilização do movimento NO TAV, os jornais levaram nas primeiras páginas manchetes como: "TAV, guerriglia dei black bloc" ([TAV, guerrilha do Black Bloc], edição romana do *Metro*); "I black bloc contro il cantiere" ([Black Bloc contra o local de construção], *Corriere della Sera*); e "I black bloc armati venuti da lontano" ([Black Blocs armados vêm de longe], *La Repubblica*).[27] No entanto, alguns jornais preferem traduzir o nome em inglês para a língua local, como quando a expressão "Bloque negro" apareceu em uma reportagem do *El País* sobre os protestos acontecidos em dezembro de 2012 à frente do palácio presidencial na Cidade do México.[28] Na Grécia, a mídia e o Estado cunharam o termo "Koukoulofori" (encapuzados).

Nos dias e semanas antes de cúpulas internacionais e

outros eventos importantes, a mídia dirige a atenção para os Black Blocs, representando-os, por exemplo, como "os anarquistas que podem ser a maior [...] ameaça à segurança".[29] Quando um Black Bloc entra em ação, a resposta da mídia costuma seguir um padrão típico. Na mesma tarde ou na manhã seguinte, os editores, colunistas e repórteres falam mal dos arruaceiros dos Black Blocs, chamando-os de "vândalos". No dia seguinte, porém, o tom costuma ser mais neutro. Os leitores são informados de que os anarquistas estão por trás de táticas envolvendo armas como coquetéis Molotov, assim como o uso de escudos e capacetes para se defender. Esses artigos às vezes fazem referência a grandes Black Blocs do passado. Em seguida, citam alguns acadêmicos, assim como representantes da polícia e porta-vozes de movimentos sociais institucionalizados, que se desassociam dos "vândalos". No máximo, o jornalista cita alguns participantes do Black Bloc, que, então, passam a ter a chance de se defender e explicar por que agem daquela forma.

As referências da mídia aos Black Blocs costumam se adaptar livremente a diversas situações. Durante a greve estudantil de 2012 no Quebec, as alusões aos Black Blocs se tornaram tão comuns que o termo apareceu em uma coluna de questões ambientais. Ironizando a difusão de roupas de camuflagem nos vestuário, o colunista afirmou que isso faz com que "coelhos, guaxinins, raposas, perdizes e cervos se dispersem como membros do Black Bloc ao avistar um camburão".[30] Em tom mais sério, os distúrbios provocados pelo Black Bloc no G8 de 2007 foram comparados por parte da mídia alemã às posições de certos participantes da cúpula oficial. O *Frankfurter Allgemeine Zeitung*, por exemplo, relatou que "o Black Bloc não é o único grupo a usar esse evento anual monstruosamente grande para causar uma impressão no público. Dois participantes, os presidentes dos Estados Unidos e da Rússia, já tentaram fazer isso ao chegar de maneira incomum".[31]

O Black Bloc chegou a se tornar um ícone cultural, sendo representado, por exemplo, em diversos filmes. Como era de se esperar, o Black Bloc aparece, por exemplo, no filme de ficção *A batalha de Seattle* (2007), dirigido por Stuart Townsend. Em uma sequência, um manifestante quebra a vitrine de uma grande loja, atrás da qual estão duas vendedoras conversando. Passada a surpresa inicial, uma das mulheres o questiona: "O que você está fazendo? Essa mulher está grávida!". Ele retruca: "Ah, é, você vai ter um filho? [...] E quer que seu filho morra de trabalhar sendo explorado em uma fábrica fazendo roupinhas de bebê?". "Claro que não", a grávida responde. "Então não compra aqui, caralho!", o homem grita, antes de sair correndo. Na cena seguinte, um membro do Black Bloc é repreendido por um homem e uma mulher que apoiam a desobediência civil não violenta. O debate acalorado sobre violência em seguida termina em briga, com o membro do Black Bloc fugindo para se juntar a seus companheiros. Outro exemplo é o sexto episódio da temporada de 2012 de *Continuum*, uma série B de televisão de ficção científica, que abre com uma cena de saque ambientada em um futuro distante. Os saqueadores parecem fazer parte de um Black Bloc. Uma integrante do esquadrão antitumultos lamenta: "Que desperdício [...] Eles se acham revolucionários, mas tudo que eu vejo é vandalismo e falta de respeito pela propriedade privada". Seu parceiro suspira: "Se existe uma mensagem, eu não entendo qual é". Mais para a frente no episódio, a ação, agora no presente, mostra um Black Bloc invadindo uma manifestação na sede de uma empresa. Um indivíduo, ao rever a filmagem do tumulto subsequente, afirma reconhecer "um cara que acho que pode estar liderando os anarquistas entre os verdadeiros manifestantes".

O episódio de abertura da segunda temporada da série XIII também inclui uma manifestação com Black Bloc. Em *Cosmopolis*, filme que David Cronenberg adaptou a partir do romance de Don DeLillo, uma manifestação anticapitalista tem todas as marcas de um Black Bloc. Um documentário dirigido por Carlo A Bachschmidt, lançado em 2011 sob o simples título de *Black Bloc* — embora o tema mal seja mencionado no filme — trata dos eventos na cúpula do G8 em Gênova, em 2001.

Os Black Blocs também foram tema em quadrinhos[32] e romances,[33] como *Black Bloc*, um romance policial francês de Elsa Marpeau, publicado pela Gallimard em 2012. Em *ABCs of Anarchy* (2010), um livro infantil, a letra B "é para Black Bloc: um black bloc é um grupo de pessoas vestidas de preto para representar a solidariedade em massa a uma causa ou a resistência em massa à opressão". Em um clima mais animado, "Black Block" era o nome da loja de presentes (fechada em 2012) no museu de arte contemporânea no Palais de Tokyo em Paris. À venda, estavam buttons escritos "I Love Black Block" e uma linha de roupas, incluindo um par de calças que custava €240. Como indicado no site da loja, "Black Block oferece roupas em uma loja que sempre convida personalidades do mundo da arte, da moda ou da música para usar o espaço a fim de recriar seu universo".[34]

Alguns artistas, em vez de tentar cooptar a imagem do Black Bloc para fins comerciais e de entretenimento, utilizam-na para fazer uma afirmação social convincente. É o que o artista visual Francesco di Santis fez nos Estados Unidos, quando produziu uma série de retratos de ativistas dos Black Blocs.[35] Outro exemplo é Packard Jennings, um artista da Costa Oeste dos Estados Unidos que, em 2007, criou um "Anarchist Action Figure", um boneco de 40 centímetros vestido de preto e usando capuz. Como parte da referência ao Black Bloc, o boneco ficava em uma caixa de brinquedo com alguns acessórios: uma máscara de gás, uma garrafa de querosene, uma bomba de tinta e um coquetel Molotov. Além do título da obra, a caixa exibia o lema "Arm your dissent!" [Arme sua discórdia]. Depois de colocar a caixa na prateleira de uma loja de brinquedos, o artista filmou o momento em que um cliente pegou a caixa e foi pagar. O objetivo do artista era denunciar a cooptação das imagens do protesto radical para fins comerciais.[36]

QUEM DIZ O QUE SOBRE OS BLACK BLOCS?

A imagem pública dos Black Blocs foi distorcida pelo ódio e pelo desprezo que seus muitos críticos alimentam por eles: políticos, policiais, intelectuais de direita, jornalistas, acadêmicos e porta-vozes de diversas organizações progressistas institucionalizadas, assim como outros manifestantes que acham que eles colocam em risco pessoas que não estão preparadas para enfrentar a violência policial.[37]

Esses detratores se unem para atacar os Black Blocs, ou qualquer manifestação que recorra à força física, retratando-os como pessoas sem convicções políticas cujo único objetivo ao participar de uma manifestação é satisfazer seu desejo de destruição. Com frequência, os detratores fazem questão de destacar o fato de que muitos deles vêm de longe, por exemplo, de Eugene, Oregon, para protestar contra a OMC em Seattle, em 1999; da Alemanha para protestar contra o G8 em Gênova, em 2001; do Quebec para protestar contra o G20 em Toronto, em 2010; ou de toda a Europa para protestar contra o TAV na Itália, em 2011.

Esse discurso derrogatório não é surpresa vindo da polícia. Em julho de 2011, após a erupção das manifestações do movimento NO TAV, policiais afirmaram que "havia cerca de trezentos Black Blocs vindos da Espanha, da França, da Alemanha e da Áustria" com o objetivo de gerar "violência máxima contra as autoridades". Esses ativistas não passavam de "delinquentes e covardes", "conhecidos pela polícia e que nada tinham a ver com a questão do Vale de Susa".[38]

Alguns meses antes, Bob Broadhurst, comandante da Polícia Metropolitana de Londres, ao comentar o contingente de Black Bloc na passeata "antiausteridade", havia declarado: "Eu não os chamaria de manifestantes. Eles querem apenas praticar atividades criminosas".[39]

Jean-Claude Sauterel, porta-voz da polícia no distrito francês de Vaud, falou ao *Le Figaro* em junho de 2003, quando os líderes do G8 se encontraram em Évian: "Essas pessoas têm como único objetivo destruir".[40] Suas palavras parecem ecoar a declaração feita por Florent Gagné, diretor da Sûreté du Québec (SQ, força policial da província do Quebec), que afirmou que estava preocupado com "os chamados grupos de ação direta. Eles são grupos violentos sem ideologia real. São vândalos, anarquistas".[41] No mesmo ano, um relatório do *Office féderal suisse de la police* intitulado "O potencial de violência do movimento antiglobalização" foi igualmente desdenhoso:

É ainda mais difícil compreender o potencial de violência presente atualmente em certos jovens. Muitas vezes, essa violência se manifesta por um frenesi destruidor, sem objetivo algum, ou por uma agressividade extrema contra as pessoas. O resultado é que os eventos públicos, seja qual for sua natureza, são os mais marcados por atos de vandalismo, desprovidos de qualquer motivação política ou ideológica.[42]

O que é explicitamente negado aqui é o caráter político dessas ações diretas, que são relegadas para fora do campo e da racionalidade políticos.

Assim como os policiais, os políticos buscam privar os "vândalos" de toda racionalidade política. Durante o encontro do G20 em Toronto, um comentário no site do partido político de centro-esquerda do Canadá, o Novo Partido Democrático (NDP), convocou os progressistas a denunciarem "os bandidos do Black Bloc. Eles não estão lutando por justiça social, são criminosos buscando justificativas para serem criminosos [...] Um bandido é um bandido, independentemente da sua retórica".[43]

Essas críticas às vezes vêm de altos escalões do Estado. Em março de 2011, após as manifestações "antiausteridade" em Londres, a secretaria de Estado para assuntos interinos do Reino Unido, Theresa May, afirmou: "Quero condenar de maneira firme o comportamento irracional dos vândalos responsáveis pela violência".[44] O vice-prefeito de Londres, Kit Malthouse, comparou o Black Bloc a "agitadores fascistas", acrescentando que "eram um grupo perverso de bandidos de preto, e que estava muito óbvio que queriam sair destruindo tudo e que seriam difíceis de controlar".[45]

Em 2010, após a Cúpula do G20 em Toronto, Dimitri Soudas, na época chefe das comunicações para o primeiro-ministro do Canadá, apelou a sentimentos patrióticos, declarando que "os bandidos que estimularam a violência hoje não representam, de forma alguma, o estilo de vida canadense".[46] Já no início dos anos 2000, os políticos retratavam as ações dos Black Blocs como desprovidas de qualquer significado político. "Excluo os vândalos", afirmou Guy Verhofstadt, primeiro-ministro da Bélgica e presidente da UE, ao se referir à Cúpula do G8 em Gênova, em julho de 2001. "Eles não exprimem uma opinião.

Buscam apenas a violência, o que nada tem a ver com o G8".[47] O chanceler alemão Gerhard Schröder, ao falar da mesma ocasião, declarou: "É inútil dialogar com pessoas sem nenhuma crença política".[48] Enquanto isso, o primeiro-ministro do Canadá, Jean Chrétien, declarou simplesmente que, "se os anarquistas querem destruir a democracia, nós não permitiremos".[49]

Aparentemente convencidos de que os Black Blocs nada têm a ver com política, os policiais e políticos afirmaram que eles são compostos por *hooligans*, fãs de esportes que saem dos estádios e criam tumulto (como aconteceu em Roma durante a manifestação do Occupy em outubro de 2011)[50] ou que, ao contrário, os conflitos esportivos são provocados por anarquistas cujo único objetivo é destruir tudo, seja qual for a ocasião. Dessa forma, em 2011, ao comentar o conflito criado depois da derrota da equipe de hóquei profissional de Vancouver, os Canucks, o delegado de polícia Jim Chu declarou que os desordeiros eram "criminosos, anarquistas e bandidos que vieram à cidade querendo destruição e confusão", termos que foram repetidos pelo prefeito da cidade, Gregor Robertson, quando colocou a culpa do tumulto em "anarquistas e bandidos".[51] Mais tarde, porém, Chu foi obrigado a admitir que havia errado e que os anarquistas não estavam envolvidos no tumulto do hóquei.[52]

A gigantesca maioria dos jornalistas não foge à regra, que consiste em negar toda a dimensão política das ações dos "vândalos". O mais comum são opiniões categóricas e desdenhosas sobre os Black Blocs e seus aliados. Depois do protesto de Primeiro de Maio de 2012, o *Berlin Kurier*, sob a manchete "A hora dos arruaceiros idiotas", publicou um artigo afirmando que "Esses detestáveis fãs de caos [estão prontos] para tumultuar e destruir. Eles querem batalhar nas ruas a todo custo!".[53] Em 2010, o *Toronto Sun* publicou um comentário sobre as manifestações contra o G20. O colunista recrutou um "especialista" para ajudar os leitores a distinguir entre vândalos e "verdadeiros manifestantes, com uma causa real e preocupações reais".

Em um mundo ideal, os manifestantes caminhariam pacificamente, as pessoas explicariam sua ideia, fosse qual fosse, e todos ficariam bem [...] Como o especialista em segurança John Thompson do Instituto Mackenzie[54] me falou antes da cúpula, 2% da multidão está lá pelo caos criminoso, sem causa alguma.[55]

Em uma entrevista a outro jornal, o mesmo John Thompson descreveu as pessoas que participam de Black Blocs como "viciados em adrenalina [...] O que os ativistas do Black Bloc fazem é basicamente um esporte radical às custas do dinheiro público". No mesmo artigo a respeito dos Black Blocs, Peter St. John, professor da Universidade de Manitoba especializado em "questões de segurança", opinou que "quando se começa a empregar violência, acaba-se entrando na categoria de organização terrorista".[56]

Sobre o Black Bloc no Egito, um artigo da *Al Jazeera* em árabe afirmou que, com base nas informações de uma "fonte anônima", esse grupo foi treinado em uma zona militar no Deserto de Neguev, e acredita-se que atue com a supervisão de oficiais ativos e aposentados do serviço secreto israelense e o auxílio de militares israelenses especialistas em segurança e psicologia. Segundo Ibrahim al Brawi, diretor do Centro de Estudos Palestinos no Cairo, o Black Bloc egípcio estava ligado a uma rede mundial de organizações de direitos humanos e empresas de segurança ocidentais, e tinha o objetivo de derrubar o regime.[57] Essas afirmações parecem frutos de imaginações paranoicas; no entanto, ajudam a construir a imagem pública dos Black Blocs como uma ameaça sombria.

A mídia tradicional sistematicamente descreve a maioria dos manifestantes que recorrem à violência como "muito jovens".[58] Variações comuns incluem "jovens extremistas",[59] "jovens briguentos"[60] e "jovens vândalos".[61] Essa linha de difamação é a matéria-prima dos profissionais da mídia desde o início dos anos 2000, como ilustrado por um artigo da *Agence France-Presse* que afirmava que o objetivo dos "vândalos" em Gênova, em 2001, era "destruir tudo" e também que eles constituíam, como o intelectual de esquerda Chris Hedge afirmaria anos depois, "um verdadeiro câncer do movimento".[62] Em relação às manifestações em Gênova, os telespectadores dos noticiários da TV francesa foram informados que "o único objetivo dos famosos Black Blocs", compostos por "anarquistas ultraviolentos" e outros "extremistas" ("com sede de violência e destruição"), era "globalizar seu ódio e sua violência".[63]

Cinco jornalistas da revista francesa *L'Express* conseguiram condensar em poucas linhas todos os clichês sobre o assunto Black Blocs: "Seu discurso é sempre o do anarquismo. Eles exaltam o recurso à violência contra tudo o que representa uma forma de organização estatal". Listando os estereótipos um a um, essa equipe do *L'Express* observou que, "cada vez mais, jovens americanos um pouco perdidos" se deixam levar pelo fenômeno dos Black Blocs, e acabam se envolvendo em manifestações "mais para queimar e quebrar do que para protestar ou contestar".[64]

Os jornalistas também divulgam opiniões de cidadãos "simples" ou manifestantes "não violentos" que reprovam o uso da força. Depois da manifestação contra o G8 de 2001, por exemplo, uma genovesa anônima comentou que os "vândalos e radicais" não tinham "nenhum objetivo específico, mas só queriam destruir as coisas".[65] Em outro exemplo, "um simpatizante do movimento" foi citado: "Essas pessoas não têm ideias políticas. Não representam ninguém; são como *hooligans*".[66] Da mesma forma, um repórter que cobria as manifestações contra o G8 na França em junho de 2003 citou um ativista e emitiu um julgamento sobre os Black Blocs ao mesmo tempo: " 'As únicas motivações deles são bagunça e vandalismo', comentou ontem um sincero ativista alterglobalização, indignado pelos tumultos que roubaram o lugar da manifestação franco-suíça contra o G8. Ele também acrescentou em tom de fúria: 'Eles não passam de uns idiotinhas que vêm para se divertir quebrando vitrines' ".[67]

Embora alguns porta-vozes de instituições sociais-democratas tradicionais, como partidos socialistas e sindicatos,[68] tenham censurado tanto a violência policial como a brutalidade do capitalismo, seus ataques aos Black Blocs não diferem dos perpetrados pelos policiais e políticos de centro ou direita. Yvette Cooper, membro no Parlamento do Partido Trabalhista britânico, ao comentar os eventos em Londres, denunciou as "centenas de idiotas irracionais [por se envolverem] em comportamentos criminosos da pior espécie".[69] Chris Hedges, intelectual e escritor progressista contra a guerra, falou o seguinte sobre o chamado do Movimento Occupy a manifestações em novembro de 2011: "Os anarquistas do Black Bloc, que atuaram nas ruas de Oakland e outras cidades, são o câncer do movimento Occupy [...] Eles confundem atos de puro vandalismo e ceticismo repulsivo com revolução [...] Existe uma palavra para isso: 'criminosos' ".[70]

Durante a Cúpula do G20 em Toronto em 2010, Jack Layton, líder do Novo Partido Democrático, de tendência esquerdista, afirmou que "vandalismo é um crime totalmente inaceitável" e expressou a esperança de que a ordem fosse restaurada pelo bem do diálogo pacífico e respeitoso.[71] Isso também não é novidade. Susan George, vice-presidente da ATTAC, Association pour la Taxation des Transactions Financières et l'Aide aux Citoyens [Associação pela Tributação das Transações Financeiras e Ajuda aos Cidadãos], ao comentar as manifestações contra a União Europeia em Gotemburgo, em 2001, afirmou que "as violências de anarquistas ou vândalos são mais antidemocráticas do que as instituições que eles dizem combater".[72]

Vozes na extrema-esquerda repetem o mesmo refrão. O Partido Comunista do Canadá e o Partido Comunista do Quebec denunciaram o Black Bloc e os anarquistas por sua "insensatez infantil" na Cúpula do G20 de 2010 em Toronto, zombando da "tática imatura dos Black Blocs".[73] O Rouge, órgão oficial da Liga Comunista Revolucionária da França (LCR), publicou duras críticas ao uso da força durante manifestações em um artigo intitulado " 'Black Bloc', violences et intoxication" ["Black Bloc", violências e intoxicação]. O autor, Léonce Aguirre, começa dizendo que não deseja "cair na armadilha de colocar os manifestantes bonzinhos de um lado e os vândalos malvados de outro". No entanto, logo em seguida, ataca ferozmente os Black Blocs, declarando que falta "criticar de maneira firme a fantasia de uma possível confrontação 'militar' entre uma minoria minúscula e o aparelho do Estado".[74]

Paralelamente a isso tudo, vale citar o sacerdote de Toronto que, ao se dirigir à congregação dominical no dia seguinte à gigantesca manifestação contra o G20, condenou "a covardia daqueles que se escondem por trás de máscaras, sejam os capuzes pretos ou brancos".[75]

Assim, o círculo se fecha, desde o policial e o político até o comunista, passando pelo ideólogo capitalista, pelo bom manifestante, pelo porta-voz de forças progressistas, pelo editor, pelo repórter e pelo padre. Todos compartilham os mesmos sentimentos e chegam às mesmas conclusões.

"Câncer", "idiotas", "bandidos irracionais", "anarquistas", "jovens vadios", "desprovidos de crenças políticas", "sede de violência", "vandalismo", "covardia"... Meros epítetos sob o disfarce de explicações? Talvez. Mas palavras como essas têm efeitos políticos muito reais, pois privam uma ação coletiva de toda a credibilidade, reduzindo-a à expressão única de uma violência supostamente brutal e irracional da juventude.

A esse discurso unânime falta, porém, uma única voz: a das pessoas que participaram dos Black Blocs.[76] A realidade se torna mais complexa e interessante quando se aceita dar ouvidos ao discurso deles, um esforço que permite compreender melhor suas origens, sua dinâmica e seus objetivos.

Não pretendo aqui falar em nome dos Black Blocs, o que é impensável para qualquer pessoa que conheça esse fenômeno. O objetivo é, antes, encontrar as origens do fenômeno, examiná-lo com base nas ações dos Black Blocs, muitas das quais observei em primeira mão,[77] comunicados (principalmente divulgados na internet),[78] entrevistas realizadas com participantes que se dispuseram a compartilhar suas experiências comigo ou com outros jornalistas profissionais. Várias dezenas de black blockers ativos em diversos países falaram nesses comunicados e entrevistas nos últimos 15 anos, muitos dos quais se expressavam em termos parecidos.

Depois de conhecer as origens dos Black Blocs, descrever como atuam e analisar suas motivações políticas, poderemos avaliar com seriedade as fraquezas desse modo de ação, e seus efeitos nas mobilizações e lutas sociais e políticas. Além disso, poderemos compreender melhor o impacto político da crítica veemente constante que os Black Blocs sofrem, especialmente as formas como essas críticas estimulam a legitimidade das elites políticas e sociais em detrimentos dos manifestantes anticapitalistas e antiautoritários, o que estimula a repressão policial.

NOTA DESTA EDIÇÃO

A edição francesa deste livro foi publicada pela primeira vez em 2003, seguida por mais duas, em 2005 e 2007. Esta primeira edição em português foi atualizada para levar em consideração os acontecimentos da última década. Nesses anos, tive o privilégio de conversar com ativistas de opiniões e histórias de vida diversas. As conversas aconteceram em quatro ocasiões: a greve estudantil de 2012 no Quebec, a mobilização contra a Cúpula do G20 em Toronto em 2010 (quando eu era membro do CLAC, a Convergence des Luttes Anticapitaliste [Convergência de Lutas Anticapitalistas], instalada em Montreal), a mobilização contra o encontro do G8 em Évian em 2003, e os protestos contra a Cúpula das Américas na cidade de Quebec em 2001. Durante esses eventos, pude encontrar observadores próximos do movimento, incluindo Clément Barrette, que, em 2002, escreveu um estudo intitulado *La pratique de la violence politique par l'émeute: le cas de la violence exercée lors des contre-sommets* [A prática da violência política no tumulto: o caso das contracúpulas].

Depois da publicação da segunda edição de *Les black blocs* pela editora Atelier de Création Libertaire, em Lyon, no primeiro semestre de 2005, vários coletivos em dezenas de cidades na França e na Suíça fizeram a gentileza de me convidar para conversas sobre o fenômeno dos Black Blocs. Nos estandes montados nesses encontros, pude reunir panfletos sobre as marchas e ações diretas. Essas leituras e os vigorosos debates de que participei me levaram a incluir nessa edição outras declarações de ativistas dos Black Blocs. Também tive a oportunidade de integrar (graças à tradução de Davide Pulizzotto) informações do livro *Black Bloc —Viaggio nel Pianeta Nero* (de Franco Fracassi), publicado na Itália em 2011.

Agradeço aos fotógrafos por permitirem o uso de suas obras. Também agradeço a Amanda Crocker, Marie-Éve Lamy, Lazer Lederhendler e Matthew Kudelka por suas leituras e seus comentários atentos. Por fim, devo desculpas em virtude de eventuais informações repetidas entre este e meus três artigos publicados: "The Black Blocs Ten Years After Seattle", *Journal for the Study of Radicalism*, n.4 (2010); "Penser l'action directe des Black Blocs", *Politix 17*, n.68 (dezembro de 2004); e "Black Blocs: bas les masques", *Mouvements 25* (janeiro—fevereiro de 2003).

De onde vêm os Black Blocs?

Greves de fome, passeatas, atos públicos, abaixo assinados, desobediência civil, vigílias, barricadas, sabotagens, ataques de coquetel Molotov... As formas de ação com as quais os movimentos sociais se manifestam hoje em dia são bem variadas. Incluem atos pacíficos, mas não só. A mídia tradicional retrata os Black Blocs como excepcionalmente violentos. No entanto, quando comparados à violência extrema e muitas vezes letal praticada em conflitos sociais no passado e no presente, eles parecem até contidos.

Mesmo movimentos que costumam ser associados a direitos liberais básicos, como aquele pelo sufrágio feminino, por exemplo, mostram algumas surpresas para quem está disposto a fazer um exame um pouco mais minucioso. No início do século xx, a Grã-Bretanha era a potência política, militar, econômica e colonial dominante; porém, suas elites estavam mais do que satisfeitas em manter as mulheres fora do processo eleitoral. O movimento sufragista local fazia pouco mais que reuniões pacíficas reivindicativas, debates com autoridades e cartas tristes para os jornais.

Em 1903, seis integrantes mais radicais se separaram do resto do movimento para montar a Women's Social and Political Union (wspu). Posteriormente apelidadas de *"suffragettes"*, promoveram ações diretas sob o lema "Deeds, not words!" [Ações, não palavras!]. Em pouco tempo, seus espetaculares tumultos em reuniões de partidos políticos levaram à proibição da participação das mulheres nesses eventos. Sem se deixar abater, as *suffragettes* passaram a se esconder em prédios próximos aos dos salões de reunião e, de lá, lançavam projéteis pelas janelas. Elas obstruíam as sessões da Câmara dos Comuns e tentavam invadir a residência oficial do primeiro-ministro, quebrando várias janelas. Inúmeras passeatas ao Palácio de Westminster viraram confrontos com a polícia, gerando manchetes na Inglaterra e no exterior.[79]

As *suffragettes* interpelavam o primeiro-ministro ou membros de seu gabinete em igrejas, estações de trem, campos de golfe e assim por diante, insultando-os e chegando a dar empurrões e bofetadas. Em 21 de novembro de 1911, mulheres marcharam pelo centro de Londres com martelos e pedras escondidos em suas bolsas de mão. No trajeto, quebraram as janelas do Ministério do Interior, da Somerset House e de vários outros prédios do governo, e também da National Liberal Federation, do Guards' Club, de dois hotéis, das sedes dos jornais *Daily Mail* e *Daily News* (hostis ao movimento), e de lojas como Swan and Edgar's Lyon's e Dunn's. Mais de 200 mulheres foram presas, assim como três homens.

Emmeline Pankhurst, uma das líderes das *suffragettes*,

Foto da página ao lado: Em 1990, toda a Mainzer Straße estava ocupada em Friedrichshain (Berlim Oriental). Em novembro de 1990, 4 mil policiais chegaram para tentar o despejo. Durante três dias, milhares de pessoas responderam com barricadas e ações militares. Berlim, 1990. (Reproduzido com a permissão de Umbruch Bildarchiv Berlin – umbruch-bildarchiv.de)

declarou que "o argumento de uma vidraça quebrada é o mais valioso na política moderna".[80] Pouco tempo depois, as vitrines das luxuosas lojas Burberry, Liberty e Marshall & Snelgrove foram destruídas durante uma manifestação, assim como as janelas de algumas empresas estrangeiras, incluindo a loja da Kodak. Linhas telegráficas entre Londres e Glasgow foram cortadas. Caixas de correio foram incendiadas, assim como postos de correio, estações de trem, depósitos, igrejas, clubes particulares e casas, iates e jardins de políticos contrários ao voto feminino. Dessa vez, 124 ativistas foram presas. Pankhurst afirmou: "Não estamos destruindo a Orchid House, quebrando janelas, cortando fios telegráficos, estragando campos de golfe para ganhar a aprovação das pessoas atacadas. Se o público em geral estivesse gostando do que fazemos, isso seria prova de que nossa guerra não funciona. Não queremos que vocês gostem".[81]

Ao todo, mais de mil mulheres foram presas. Muitas entraram em greve de fome. Elas foram alimentadas à força, mas, quando ficaram perigosamente fracas, o governo liberal do primeiro ministro H H Asquith criou uma lei, chamada Prisioner (*Temporary Discharge for Health*) Act 1913, para libertá-las. A lei passou a ser conhecida como *"Cat and Mouse Act"* [Decreto Gato e Rato], porque as militantes voltavam a ser presas assim que recuperavam a saúde. Quando voltavam à prisão, as *suffragettes* retomavam a greve de fome. Vigílias em solidariedade foram organizadas em frente às cadeias, algumas vezes com a presença de bandas de metais. O médico responsável pela alimentação forçada era ridicularizado e insultado nas ruas. Enquanto isso, outras *suffragetes* interrompiam as sessões da Câmara gritando e atirando ovos ou sapatos. O rei era atormentado publicamente em eventos formais. Em 1913,

232 incêndios criminosos e ataques a bomba foram realizados pelas *suffragetes*, além de outros 105 entre janeiro e agosto de 1914, quando eclodiu a 1ª Guerra Mundial.[82]

Depois da guerra, as mulheres finalmente ganharam o direito ao voto, mas os historiadores ainda discutem se essa campanha de distúrbios ajudou ou prejudicou a causa. Virginia Woolf, perspicaz e ácida como sempre, escreveu que "as mulheres inglesas foram muito criticadas por usarem a força na luta pelo voto [...] Essas críticas parecem não se aplicar ao uso da força na Guerra Europeia. O voto, aliás, foi dado às mulheres inglesas em grande parte por causa da ajuda que elas deram aos homens no uso da força nessa guerra".[83] É fato que os políticos alegaram que concederam o voto às mulheres por gratidão às contribuições delas para a campanha de guerra. Mas também é fato que havia um enorme temor que a campanha das *suffragettes* fosse retomada.[84]

Mais recentemente, movimentos sociais ficaram conhecidos por incluírem unidades de choque mais ou menos organizadas e preparadas para enfrentar a polícia. No decorrer dos eventos de maio de 1968 em Paris, vários manifestantes usavam capacetes e portavam cassetetes. Quando a Sorbonne foi ocupada, podiam-se ver os famosos *katangais* circulando com armas, incluindo até armas de fogo.

Mais ou menos na mesma época, nos Estados Unidos, os *weathermen*, surgidos do movimento estudantil, formaram unidades de manifestantes com capacetes e bastões. Em 1969, durante os "Days of Rage" em Chicago, cerca de 500 manifestantes antirracismo e antiguerra organizados em pequenos grupos de iguais e equipados com capacetes de motocicleta, bastões e tijolos enfrentaram a polícia frente a frente.[85] Em alguns desses enfrentamentos, houve unidades de choque compostas inteiramente de mulheres.[86]

Na França dos anos 1980, o movimento antifascista, em particular a rede conhecida como SCALP (*Sections carrément anti-Le Pen*, isto é, Seções absolutamente anti-Le Pen), ficou conhecida por confrontar neonazistas.[87]

Portanto, o que distingue a tática dos Black Blocs não é o recurso à força, tampouco o uso de equipamentos defensivos e ofensivos em passeatas e manifestações — ainda mais porque muitos Black Blocs já protestaram pacificamente sem qualquer equipamento. Na verdade, o que diferencia essa tática de outras unidades de choque é sobretudo sua caracterização visual — a roupa inteiramente preta da tradição anarcopunk — e suas raízes históricas e políticas nos *Autonomen*, o movimento "autonomista" em Berlim Ocidental, onde a tática do Black Bloc foi empregada pela primeira vez no início dos anos 1980.

Esse autonomismo[88] surgiu na Alemanha e depois se espalhou para a Dinamarca e a Noruega.[89] As origens ideológicas dos *Autonomen* são variadas — marxismo, feminismo radical, ambientalismo, anarquismo — e essa diversidade ideológica era vista em geral como garantia de liberdade. Na Alemanha Ocidental, as feministas radicais tiveram um impacto profundo nos *Autonomen*, injetando um espírito mais anarquista no movimento, que no

Imagem da página ao lado: Pôster feito na antiga fábrica de chocolates Sprengel em um bairro operário de Hannover, Alemanha. Vários edifícios desse bairro foram ocupados na época e tais ocupações foram posteriormente legalizadas. Até hoje, a fábrica é um lugar de discussão sobre política e arte. Um jogo de palavras em alemão está no topo da imagem — "Ich will Sprengel" pode significar tanto "Eu quero chocolate Sprengel" como "Eu quero explodir". (Reproduzido com permissão de HKS 13. Berlim.)

resto da Europa Ocidental era mais marcado pela influência marxista-leninista.

As feministas buscavam redefinir a política, estimulando a autonomia em várias esferas: a autonomia individual por meio da rejeição à representação, de modo que as pessoas falassem por si mesmas, e não em nome do "movimento" ou de todas as mulheres; a autonomia de gênero, através da criação de coletivos só de mulheres; a autonomia decisória, por meio da adoção de tomadas de decisões consensuais; e a autonomia política, por meio da independência de órgãos institucionalizados (partidos, sindicatos etc.), por mais progressistas que eles fossem. Os *Autonomen* praticavam uma política igualitária e participativa "aqui e agora", sem líderes ou representantes; a autonomia individual e a autonomia coletiva eram, em princípio, complementares e igualmente importantes.[90]

Os grupos autônomos alemães expressavam-se politicamente por meio de campanhas contra o pagamento de aluguéis e reapropriações de centenas de edifícios, que eram transformados em lares e espaço para atividades políticas. Muitas dessas ocupações davam comida e roupa de graça, e abrigavam bibliotecas, cafés, salas de reunião e centros de informações conhecidos como "infoshops", assim como lugares de shows e galerias de arte onde músicos e artistas socialmente engajados podiam apresentar seu trabalho.[91] O mesmo movimento ocupou universidades e enfrentou neonazistas que perseguiam imigrantes, assim como policiais que protegiam usinas nucleares. Nessas ocasiões, os *Autonomen* usavam capacetes, escudos improvisados, bastões e projéteis.[92]

Não se sabe ao certo quando o termo "Black Bloc" foi utilizado pela primeira vez. Alguns afirmam que foi em 1980, quando um chamado pela mobilização anarquista de

Primeiro de Maio em Frankfurt pedia às pessoas que "[se juntassem] ao Black Bloc".[93] Outra história localiza o surgimento do termo meses depois, quando a polícia avançou para desmontar "a República Livre de Wendland", um acampamento em protesto contra a abertura de um depósito de lixo radiativo em Gorbelen, Baixa Saxônia. Nos dias seguintes, foram organizadas manifestações em solidariedade, sendo a mais famosa a "Black Friday", em que, segundo consta, todas as pessoas estavam vestidas com jaquetas de couro preto e um capacete de moto, com os rostos cobertos por bandanas pretas. As reportagens sobre o evento faziam referência ao *Schwarzer Block* (isto é, Black Bloc).[94]

Outros ainda defendem que o termo foi cunhado em dezembro de 1980 pela polícia de Berlim Oriental. Tendo decidido pôr fim às ocupações, as autoridades municipais haviam autorizado a polícia a conduzir uma série de despejos extremamente violentos. Diante da ameaça iminente de uma ação brutal da polícia, diversos *Autonomen* com máscaras e roupas pretas foram às ruas para defender suas ocupações. Nesse cenário, chegou a haver ação jurídica contra a "organização criminosa" conhecida como "o Black Bloc". Mas a ação da procuradoria perdeu, e as autoridades admitiram que a organização nunca existira.[95] Depois, em 1981, foi impresso um panfleto intitulado "Schwarzer Block", com a seguinte explicação: "Não existem programas, estatutos ou membros do Black Bloc. Existem, porém, ideias e utopias políticas, que determinam nossas vidas e nossa resistência. Essa resistência tem muitos nomes, e um deles é Black Bloc".[96]

Um grande Black Bloc se formou em Hamburgo em 1986 para defender as ocupações da rua Hafenstrasse.

Manifestação de ocupantes em Berlim, 1982. (Manfred Kraft/ Umbruch Bildarchiv.)

Cerca de 1.500 black blockers, apoiados por outros 10 mil manifestantes, enfrentaram a polícia e salvaram a ocupação. "Foi uma grande vitória", afirmou um ativista do movimento autônomo, "provando que era possível evitar despejos".[97] A mobilização na rua aconteceu em colaboração com ações clandestinas contra as ameaças de despejo e ataques da polícia: pequenos grupos incendiaram mais de dez lojas, casas de políticos e prédios municipais.

Black Blocs também apareceram em manifestações contra a visita do presidente norte-americano Ronald Reagan a Berlim Ocidental em junho de 1987. E, quando o Banco Mundial e o Fundo Monetário Internacional (FMI)

Ação em bloco em manifestação de ocupantes na Berlim de 1982. O movimento alemão autonomen era forte durante a era de casas ocupadas em Berlim (1980 a 1984), quando muitas pessoas iam às manifestações mascaradas e vestidas de preto. (Manfred Kraft / Umbruch Bildarchiv.)

se encontraram em setembro de 1988, também em Berlim Ocidental, um Black Bloc participou dos protestos.[98] Em algumas manifestações, *Autonomen* usando capuzes pretos caminhavam nus nas ruas, exibindo um espetáculo paradoxal de um Black Bloc altamente vulnerável.

Atualmente, a Alemanha tem os maiores Black Blocs (muitas vezes chamados de "Blocos Autônomos" em vez de "Black Blocs"). O serviço de segurança do país, Bundesamt für Verfassungsschutz [Escritório Federal para a Proteção

45

da Constituição], estima — talvez com precisão demais — que os black blockers alemães cheguem a 5.800.[99]

Nas manifestações anticapitalistas anuais de Primeiro de Maio em Berlim, os Black Blocs reúnem de 2 mil a 4 mil pessoas vestidas inteiramente de preto, envoltas por faixas e vestindo jaquetas de moletom com capuzes (jaquetas de couro saíram de moda) e óculos escuros (agora que as máscaras foram proibidas na Alemanha). Essas manifestações se tornaram tão famosas entre as redes militantes europeias que muitos *Autonomen* reclamam dos "turistas ativistas" que buscam protestos como oportunidades para farrear, são indiferentes às realidades locais e, pior de tudo, saem da cidade com a mesma rapidez com que chegam. Não é raro, inclusive, que essas pessoas comprem cerveja ao longo da manifestação e atirem os vazilhames vazios na polícia, sendo repreendidas ou até mesmo tratadas com violência por *Autonomen straightedge* (que defendem a abstinência de tabaco, álcool e drogas em geral). Mesmo assim, em 2013, no bairro de Kreuzberg, em Berlim, pôsteres em inglês — voltados, portanto, para turistas ativistas — convidavam as pessoas a entrar em um "bloco anarquista/autônomo".

Surgiram muitas outras ocasiões para a formação de Black Blocs, como a ocasião de 11 de fevereiro, para enfrentar os neonazistas que se reuniam em Dresden a fim de lembrar o bombardeio da cidade durante a 2ª Guerra Mundial. Em razão do tamanho e do dinamismo do movimento autônomo alemão, várias redes podem enviar chamados simultâneos para a formação de blocos autônomos. Os blocos nascidos na rede de "ação antifascista" são compostos principalmente por homens cuja atitude é mais belicosa. As mulheres são a maioria nas redes antirracistas, nas quais questões de diversidade e inclusão têm mais importância.

Nos últimos anos, houve chamados para "blocos multicoloridos", com o argumento de que pode ser insensível do ponto de vista cultural associar o "negro" ao anonimato e ao uso da força. Um desses chamados foi feito em 1º de abril de 2012, para uma manifestação em Eisenach contra o encontro de "fraternidades" nacionalistas xenofóbicas. O pôster mostrava dois personagens vestidos no estilo dos Black Blocs, mas um estava de roxo e o outro de rosa. Apesar disso, a maioria dos participantes apareceu de preto, e alguns dos antifascistas chegaram a fazer comentários homofóbicos e sexistas contra seus companheiros que usavam cores mais extravagantes. No acampamento No Border, realizado em Estocolmo em junho de 2012, e que tinha como um de seus principais objetivos denunciar os elementos homofóbicos e sexistas da política de imigração europeia, foi emitido outro chamado para um bloco multicolorido, que, porém, só foi atendido por pouquíssimos ativistas suecos e alemães.

Também é importante mencionar que, nos anos 2000, surgiram grupos "autônomos-nacionalistas" ou de ação "antiantifascista" de extrema-direita, que se apropriaram do estilo dos Black Blocs ao marcharem em manifestações neonazistas: óculos escuros, capuzes, muitas faixas, música eletrônica. Blocos autônomos-nacionalistas como esses chegaram a reunir cerca de mil fascistas em grandes manifestações.[100]

Como a tática dos Black Blocs migrou de Berlim Ocidental nos anos 1980 para Seattle em 1999? Os sociólogos Charles Tilly, Doug McAdam e Dieter Rucht, especialistas em movimentos sociais, mostram como repertórios de ações coletivas consideradas eficazes e legítimas para a defesa e a promoção de uma causa circulam entre períodos e lugares diferentes.[101] Esses repertórios são transformados

e disseminados ao longo do tempo e entre fronteiras de um movimento social para outro, segundo as experiências dos militantes e as mudanças na esfera política. A tática dos Black Blocs se disseminou nos anos 1990, sobretudo através da contracultura punk e de extrema-esquerda ou ultra-esquerda, via fanzines, turnês de bandas punks, e contatos pessoais entre ativistas em viagens.

Acredita-se que tenha surgido pela primeira vez na América do Norte, em janeiro de 1991, durante uma manifestação contra a Primeira Guerra do Iraque. O prédio do Banco Mundial foi alvejado, e janelas foram quebradas. Um Black Bloc foi organizado depois no mesmo ano em San Francisco, em uma manifestação no dia do Descobrimento da América, denunciando os 500 anos de genocídio perpetrado contra as nações indígenas, e outro surgiu na marcha em Washington pelo direito das mulheres de mandar em seus próprios corpos. Jornais anarquistas como o *Love and Rage* ajudaram a tornar a tática dos Black Blocs conhecida em toda a comunidade anarquista norte-americana.[102]

A tática também foi usada no início dos anos 1990 por membros da Anti-Racist Action (ARA), movimento antiautoritário e antirracista nos Estados Unidos e no Canadá dedicado ao confronto direto com neonazistas e seguidores da Supremacia Branca. Ativistas da seção de Toronto da ARA viajaram a Montreal em 22 de setembro de 1993, onde

Foto da página anterior: Milhares se manifestaram quando o presidente norte-americano Ronald Reagan visitou Berlim em 1982. Na Nollendorfplatz em Berlin-Schöneberg, a polícia cercou os manifestantes com arames farpados. Os ativistas tentaram escapar atirando pedras. (Manfred Kraft / Umbruch Bildarchiv).

se reuniram em um pequeno Black Bloc em protesto contra a reunião — que veio a ser cancelada — em que dois prefeitos franceses direitistas, da Front National, seriam oradores convidados. O resultado foi um confronto violento com a polícia, uma torrente de bombas de tinta contra o restaurante que havia recebido os *frontistes* e uma perseguição pelas ruas em que os manifestantes foram atrás dos cerca de 30 skinheads neonazistas que haviam vindo proteger o lugar.

Em 24 de abril de 1999, um Black Bloc de cerca de 1.500 pessoas participou de uma passeata na Filadélfia exigindo a liberação de Mumia Abu-Jamal, um dos fundadores da divisão local dos Panteras Negras, que havia sido acusado de matar um oficial da polícia em 1981 e condenado à morte.

ALTERGLOBALIZAÇÃO

Mas foi em 30 de novembro de 1999, durante as manifestações contra a reunião da OMC em Seattle, que a mídia exibiu a imagem do Black Bloc para todo o mundo. A polícia dos Estados Unidos vinha usando spray de pimenta e fazendo prisões em massa ao longo dos anos 1990 contra manifestantes não violentos, durante ações de desobediência civil realizadas por ambientalistas radicais da Costa Oeste. Imaginando que ela tomaria a mesma atitude, os black blockers optaram por uma tática móvel que evitaria prisões em grande escala e ataques de spray de pimenta e gás lacrimogênio.[103] Na manhã de 30 de novembro de 1999, a polícia atacou os grupos de ativistas não violentos que vinham bloqueando a entrada do centro de convenção desde as 7 horas, e os estoques de gás estavam acabando. Às 11 horas, o Black Bloc entrou em ação em uma área longe do centro de convenção. O bloco estilhaçou as janelas de alguns bancos e empresas internacionais e desapareceu antes que a polícia pudesse reagir.

A mídia cobriu extensamente a aparição dos Black Blocs em Seattle, ajudando a difundir suas características distintivas: roupas pretas, máscaras nos rostos, e ataques contra alvos econômicos e políticos. Os principais meios de comunicação apresentaram uma visão bastante negativa dos Black Blocs; a discussão sobre suas ações foi mais equilibrada na mídia alternativa, especialmente na rede on-line independente Indymedia, onde se podiam ler comunicados do Black Bloc, e ver fotos e vídeos deles em ação.[104] Fascinados por essas imagens, e convencidos pelos argumentos a favor da legitimidade e da eficácia da tática Black Bloc, algumas pessoas passaram a se identificar com essa forma de ação e decidiram organizar seus primeiros Black Blocs na primeira oportunidade. Foi quando a mídia anunciou que uma grande cúpula econômica internacional aconteceria na cidade.

Na realidade, o protesto em Seattle foi parte de um grande movimento transnacional — conhecido por diversos nomes, entre eles movimento antiglobalização ou "alterglobalização", ou "movimento dos movimentos" — que aproveita cúpulas feitas pela OMC, pelo FMI, pelo G8, pelo G20, pela UE e assim por diante, para organizar vários dias de conferências e ações perto da cidade anfitriã. Esse movimento amplo e heterogêneo se expressa através de diversas ações nas ruas. As principais organizações sociais democráticas (sindicatos trabalhistas, sindicatos rurais, federações feministas, partidos políticos de esquerda, entre outras) fazem uma passeata "unitária" supervisionada por unidades policiais vigorosas. Enquanto isso, diversos grupos militantes conduzem ações violentas. Os Black Blocs se organizam nessas ocasiões, às vezes marchando pacifica-

In a city booming with development and investment, in a city where people come for a week and stay for a year, in a city that offers something for everyone....

In a city like this it's no wonder that May 1st has become nothing more than another day to party, another day to stay at home, or another day to watch the radical left and rebellious youth perform for the cameras and play cat-and-mouse with the cops.

May 1st is not a day to be locked up in a historical memory or to be owned by any centre of political power. It is a day of struggle, a day like any other that can be taken back and that can mean something to any of us who choose to reject the consumption, the spectacle and the recuperation that has robbed it of any meaning.

If your boss makes loads of money from what you do at work, if you've been harassed by ticket controllers on the u-bahn, if the cops have given you trouble, if your rent is too high, if the arbeitsamt has stopped your money, or if the politician you voted for has lied and cheated... **you have a reason to get onto the streets and to show your discontent!**

Join us in the Anarchist/Autonomous block on the 6pm Kottbusser Tor demonstration.

We are taking May 1st back.

From the politicians, the communists, the profiteers, the cops and the press.

What are you doing?

mente, mas dispostos a recorrer à força física, dependendo do contexto e da sua força relativa.

Os Black Blocs também se envolveram em mobilizações não diretamente relacionadas ao movimento alterglobalização; foi o caso das cúpulas da Otan de 2003 e 2009 em Praga e Estrasburgo, respectivamente, e na Convenção do Partido Republicano em Nova York em agosto e setembro de 2004.

A tática dos Black Blocs pode adquirir um sentido especial que varia dependendo do contexto local. Por exemplo, no México dos anos 1990, os anarcopunks se interessavam especialmente pelo visual dos Black Blocs, sobretudo pelo uso das máscaras, uma vez que essa também era uma característica do Exército Zapatista de Libertação Nacional, embora a relação dos anarcopunks com os zapatistas fosse ambivalente.[105]

POR TRÁS DAS MÁSCARAS

É difícil fazer um perfil sociológico preciso dos homens e mulheres que participam de Black Blocs: não só porque eles usam disfarces, mas porque cada Black Bloc é diferente do outro. Ainda assim, minhas observações sugerem que eles são compostos sobretudo por jovens (embora alguns membros tenham mais de 50 anos) e homens (em alguns casos, apenas 5% dos black blockers são mulheres).[106] Mesmo nas redes antifascistas e antirracistas do Ocidente, os membros do Black Bloc são majoritariamente de origem

Imagem da página anterior: Pôster chamando, em inglês, para um "bloco anarquista/autônomo" na manifestação de Primeiro de Maio de 2013 em Berlim. (Francis Dupuis-Déri.)

europeia, quase não havendo pessoas negras ou hispânicas.[107] É claro que também se pode dizer o mesmo de outras redes políticas da esquerda do Primeiro Mundo, mas as ações diretas específicas dos Black Blocs são mais arriscadas para imigrantes e negros, porque, no caso deles, a repressão pode ser bem maior.[108]

O sociólogo francês Geoffrey Pleyers identificou entre os participantes de Black Blocs tanto jovens com baixos níveis de consciência política em busca de emoção como ativistas altamente politizados.[109] É fato que algumas pessoas entram em Black Blocs sob a influência de amigos ou pelo simples desejo de extravasar a raiva reprimida, mas ninguém pode forçar outra pessoa a adotar essa tática, que se baseia no respeito à autonomia de todos que dela participam.

Nem todos os participantes de Black Blocs são anarquistas autodeclarados. No Egito, por exemplo, podem ser ativistas políticos ou torcedores de futebol, ou fãs de bandas de heavy metal. Entretanto, como diz o professor Mark LeVine, "a Tahrir [praça pública central no Cairo, ocupada durante semanas, em janeiro de 2013, por milhares de pessoas contra o novo governo da Irmandade Muçulmana] continua sendo em muitos aspectos o símbolo das ideias de horizontalismo e auto-organização que estão no centro da teoria e da prática do anarquismo moderno".[110]

Em seus comunicados, manifestos e entrevistas, muitos Black Blocs ressaltaram a diversidade de seus membros. Em, "Letter From Inside the Black Bloc" [Carta de dentro do Black Bloc], por exemplo, publicada alguns dias depois das manifestações contra a Cúpula do G8 de 2001 em Gênova, Mary Black escreve:

A maioria das pessoas que usaram as táticas do Black Bloc têm

trabalhos diurnos voluntários. Alguns são professores, sindicalistas ou estudantes. Alguns não têm empregos em tempo integral, mas passam a maior parte do tempo trabalhando para mudar suas comunidades. Eles começam projetos de jardins urbanos e bibliotecas móveis; cozinham para grupos como Food Not Bombs. São pessoas pensantes e atenciosas que, se não tivessem ideias políticas e sociais radicais, seriam comparadas a freiras, monges e outras pessoas que levam a vida servindo. Existe uma grande diversidade no que somos e no que acreditamos. Conheço pessoas de Black Blocs que vêm da Cidade do México, mas também de Montreal. Acredito que o estereótipo está certo ao dizer que a maioria de nós é jovem e branca, embora eu não concorde com a ideia de que somos uma maioria de homens. Quando estou vestida de preto dos pés à cabeça em roupas pretas largas, com o rosto coberto, a maioria das pessoas pensa que eu também sou homem. O comportamento dos ativistas dos Black Blocs não é associado a mulheres, por isso os repórteres costumam supor que somos todos homens.[111]

Esses relatos parecem ser motivados por um desejo sincero de retratar os Black Blocs da maneira correta e, ao fazer isso, rebater acusações de que eles não passam de jovens delinquentes sem qualquer consciência política. Autorrepresentações como essa procuram desmentir uma crítica muito frequente contra os Black Blocs: a de que é impossível para um ativista fazer duas coisas ao mesmo tempo ou até uma depois da outra, ou seja, tomar parte em protestos violentos e também se organizar em movimentos globais ou locais que ajudem as pessoas exploradas e marginalizadas.[112]

Foto da página anterior: Black Blockers e ativistas do Occupy em manifestação durante a Cúpula da Otan em Chicago, 20 de maio de 2012. (Michael Kappel.)

Afirmações como a de Mary Black também são ações de legitimação, parecidas com a realizada em 2011, após a manifestação "antiausteridade" em Londres, quando um participante do Black Bloc, identificando-se como um "trabalhador mal pago do setor público", disse a um repórter do *The Guardian*: "Vimos muitos enfermeiros, trabalhadores da área de educação, tecnologia, desempregados, estudantes e assistentes sociais no bloco".[113] Outro afirmou:

Você teria uma surpresa incrível com as pessoas que usam as táticas do Black Bloc, em termos de idade, gênero, profissão. A mídia gosta de pintar um quadro de hooligans e bandidos, homens irracionais em fúria. Simplesmente não é verdade. Existem mulheres e provavelmente transgêneros também. Alguns dos anarquistas assustadores trabalham em empregos de assistência social e saúde mental. Isso não vem da bandidagem.[114]

Inesperadamente, o retrato de grupo que surge é de cidadãos responsáveis e sensatos, de ambos os sexos.

Durante a greve estudantil no Quebec de 2012, os principais meios de comunicação denunciaram a suposta infiltração de Black Blocs em manifestações estudantis. Aqui está o que um grupo de "anarquistas entre muitos" respondeu a essa afirmação em seu "Manifeste du Carré noir" [Manifesto do Quadrado Negro]:

Somos homens e mulheres. Somos estudantes. Somos trabalhadores. Somos desempregados. Estamos furiosos. Não estamos cooptando uma greve. Fazemos parte do movimento desde o começo, uma de suas facetas, junto com todos os outros [...] Não nos infiltramos em manifestações; ajudamos a organizá-las, fazemos com que elas nasçam. Não estamos sabotando a greve; somos parte integral dela, ajudamos a organizá-la, fazemos seu coração pulsar.[115]

Muitas das pessoas que entrevistei eram ou haviam sido estudantes de ciências sociais (no entanto, tais encontros têm relação natural com o fato de eu mesmo fazer parte do mundo acadêmico). Em várias ocasiões, seus projetos de pesquisa tratavam da importância política e das consequências de manifestações e ações diretas, o que sugere que seu envolvimento político se baseava em pensamentos políticos mais profundos. Segundo o comunicado divulgado pelo Black Bloc de Seattle em 1999, a maioria dos membros "estuda os efeitos da economia global, da engenharia genética, da extração de recursos, do transporte, das práticas trabalhistas, da eliminação da autonomia indígena, dos direitos animais e dos direitos humanos, e há anos praticamos ativismo nessas áreas. Não somos mal informados nem inexperientes".[116]

Em sua maioria, as pessoas que entrevistei a respeito dos Black Blocs eram ativistas experientes ou que atuavam em diversas comunidades ou organizações políticas (contra os neonazistas, o racismo, a brutalidade policial e assim por diante), ou que ajudavam a produzir jornais políticos.[117] Vale repetir, porém, que não existe um perfil homogêneo dos militantes por trás das máscaras. Ser fã de música punk não é suficiente para fazer de alguém um candidato óbvio a black blocker. Por outro lado, um black blocker pode não gostar de música punk, ou estudar em uma universidade.

Muitos black blockers dizem que o uso da força resulta de uma avaliação política baseada em frustrantes experiências pessoais com ações não violentas, que passaram a ver como, no mínimo, inadequadas.[118] Um militante veterano que havia se juntado a muitos Black Blocs me disse: "Todos os homens e mulheres que conheço que participaram de Black Blocs são ativistas, alguns muito experientes. Eles ficaram um tanto desiludidos porque chegaram à conclusão de que os métodos pacíficos são muito limitados e jogam a favor dos poderes no comando. Então, para deixarem de ser vítimas, eles acharam melhor usar a violência".[119]

ORGANIZAÇÃO INTERNA

É possível que alguns Black Blocs não passem de agrupamentos de indivíduos que se satisfazem em caminhar em grupo numa manifestação, ou que aproveitem o relativo anonimato proporcionado por suas roupas para realizar determinadas ações diretas mais ou menos aleatórias. Em outras palavras, um Black Bloc não é necessariamente dotado de poder de decisão coletiva real.

Assim como todos os grupos anarquistas, um Black Bloc busca agir em uma base igualitária e libertária, sem hierarquia ou posições de autoridade. Sempre que é possível uma deliberação, as decisões são tomadas de maneira coletiva; todos os membros podem fazer propostas e discutir as apresentadas pelos outros. A estrutura do grupo de afinidade facilita a tomada de decisão autônoma e rápida.

O "grupo de afinidade" é uma forma de organização nascida na tradição anarquista espanhola.[120] Desde o momento de sua fundação, em 1927, a Federação Anarquista Ibérica (FAI) operava por meio de *grupos de afinidad.* Desde então, esse princípio foi adotado por diversos movimentos políticos, incluindo pacifistas, feministas e ativistas contra a aids (especialmente os do Act Up!). Um grupo de afinidade pode ser composto por meia dúzia ou por várias dezenas de pessoas cuja afinidade resulta de laços que os ligam, como pertencer à mesma escola, ao mesmo ambiente de trabalho ou à mesma organização política.

Situado entre amizade e interseção de solidariedade política, um grupo de afinidade pode ser visto como um círculo de "amilitantes" que respeitam e confiam uns nos outros. A palavra "amilitante" é usada aqui para significar tanto a importância da amizade como a negação (indicada pelo prefixo *a*-) da imagem tradicional do militante, isto é, aquele cujas ações e identidade são determinadas em grande parte pela afiliação política. O conceito de "amilitância" está em sintonia com o pensamento político de muitos ativistas antiautoritários contemporâneos que não estão acostumados ou se opõem à militância tradicional, com sua forte ênfase na lealdade à organização (partido, sindicato, entre outras) e sua tendência a estruturas autoritárias e hierárquicas baseadas na participação e na experiência política.

A importância da amizade em grupos de afinidade conduz a uma tomada de decisão igualitária, deliberativa e consensual. Também facilita a divisão voluntária de todas as tarefas dentro dos grupos de afinidade e entre uns grupos e outros. Uma integrante do Black Bloc de Toronto em 2010 comentou que, graças à confusão e ao alto nível de tensão reinantes quando uma ação ou protesto está em andamento, a coordenação é mais fácil *dentro* de um grupo de afinidade do que *entre* esses grupos.[121] Antes de uma manifestação, considerando o contexto político e a experiência e disposição de cada pessoa, os amilitantes concordam sobre o que exatamente eles farão no Black Bloc.

Uma mulher que participou de vários Black Blocs no Quebec disse que essa forma de organização propicia "um lugar, um espaço seguro onde os indivíduos podem se reunir, onde se sentem seguros porque as pessoas ajudam umas às outras, e outras pessoas estão ajudando por trás das linhas de frente. Algumas gostam da ação, do ataque, outras preferem proteger o grupo, especialmente contra infiltradores policiais, representantes da mídia e agentes da polícia".[122]

Também é preciso considerar com atenção as possíveis consequências da detenção de pessoas com status de imigração vulnerável, ou pessoas com responsabilidades familiares, problemas de saúde ou registro de prisões prévias, ou que enfrentem outras questões. Pessoas consideradas como não aptas à prisão podem se voluntariar para tarefas de baixo risco, o que pode significar ficar longe da ação. Esses amilitantes que preferem não se envolver na ação das ruas podem formar grupos de afinidade responsáveis pelo apoio legal no caso de prisões ou pelo transporte, alojamento, provisões de água e comida, contatos com a mídia, apoio psicológico e assim por diante.

Alguns grupos podem preferir se envolver em ações ofensivas e se armar adequadamente com bastões, estilingues, bolas de bilhar e até coquetéis Molotov. No caso de ações defensivas, o equipamento inclui escudos, protetores peitorais, luvas, caneleiras, capacetes e máscaras de gás. Alguns conduzirão operações de reconhecimento e comunicação usando bicicletas e walkie-talkies ou celulares. Outros podem agir como corpo médico, trazendo alívio às vítimas de gás lacrimogênio ou spray de pimenta e administrando primeiros socorros aos feridos. Outros ainda mantêm a moral do grupo com música e canções. Vários ativistas podem simplesmente entrar em um Black Bloc na rua, usando roupas e máscaras pretas, sem nenhum equipamento ou tarefa específicos, mas prontos para improvisar de acordo com o desenrolar da manifestação. Por fim, a estrutura do grupo de afinidade e o tamanho pequeno de alguns Black Blocs possibilitam que os ativistas façam reuniões deliberativas minutos antes da manifestação, como aconteceu em Calgary durante a manifestação contra a Cúpula do G8, em Kananaskis em junho de 2002, ou mesmo no meio de uma manifestação, como durante as marchas contra a Cúpula do G8 em Évian em junho de 2003.

Uma participante das ações de bloqueio em Annemasse — parte da mobilização contra a Cúpula do G8 de 2003 — que antes só havia participado de ações de desobediência civil não violentas, apresentou a seguinte análise da dinâmica política dos protestantes:

Achei extraordinário que pudéssemos fazer encontros de representantes bem no meio da ação de bloqueio. Havia barricadas, fogos sendo acesos, a polícia atirando muito gás lacrimogênio. E, mesmo assim, chamaram uma reunião, com uma pessoa gritando: "reunião em dez minutos perto da placa da rodovia". A reunião aconteceu a menos de cem metros de onde estava a polícia e permitiu que decidíssemos nossa linha de ação [...] Todos tiveram a chance de informar os outros de quais eram as necessidades: "Precisamos de reforços contra a polícia", "precisamos de ajuda para construir as barricadas", "devíamos mandar gente para fazer reconhecimento..." etc [...] Assim conseguimos agir de maneira dinâmica no meio da ação sem que uma só pessoa gritasse "precisamos fazer isso ou aquilo!" [...] Os policiais veem as pessoas como uma multidão e acham que elas vão agir como uma multidão. O modelo dos grupos de afinidade rompe essa dinâmica: você não age como uma multidão, mas como um ser racional. Os grupos de afinidade nos ajudam a pôr nosso poder em prática. Os policiais ainda ficam surpresos e intrigados com os grupos de afinidade. Ficam pensando: "nós temos canhões de água, gás lacrimogênio, mas essas pessoas que deveriam estar fugindo estão fazendo uma reunião para decidir o que fazer!".[123]

Em suma, os Black Blocs atuam segundo princípios ligados à tradição política anarquista, como liberdade e igualdade. Esses princípios assumem a forma de procedimentos e práticas como assembleias gerais, e estruturas horizontais sem hierarquia. Esse método resolve não apenas questões políticas, mas também questões morais. E pode ser muito eficaz durante a ação, possibilitando, em princípio, transformar uma multidão irracional em um ator político racional, consciente das suas ações e do significado de seus atos.

Na prática, porém, assim como as estruturas hierárquicas formais, os grupos de afinidade não impedem jogos de poder baseados em carisma, experiência e habilidades de membros individuais ou em seus recursos simbólicos, culturais e econômicos. Contudo, ao contrário das organizações hierárquicas, as pessoas num grupo de afinidade ou Black Bloc não podem usar seu poder informal para chegar a posições de autoridade por meio das quais possam aumentar seu poder informal com o formal. Ainda que líderes informais surjam, como em todo tipo de agrupamento humano,[124] os Black Blocs não têm "chefes" cuja posição oficial lhes possibilite impor sua vontade a "subordinados". Além disso, como os Black Blocs são efêmeros, há poucas oportunidades para que qualquer pessoa desenvolva esse tipo de ascendência sobre o grupo.

Alguns Black Blocs ou grupos que os compõem apresentam pouca ou nenhuma organização formal. Em certas manifestações, por exemplo, as pessoas chegam ao local de encontro com máscaras e roupas pretas e montam um Black Bloc — isto é, um grupo que caminha junto como unidade compacta — espontaneamente, sem qualquer tomada de decisão coletiva prévia. Em horas de ação direta, um ou mais indivíduos podem decidir atuar sozinhos — pichar um muro ou atirar coisas contra uma janela ou contra a polícia — sem consultar outros membros do Black Bloc.

DIVERSIDADE TÁTICA

Em 30 de novembro de 1999, em Seattle, o Black Bloc alvejou símbolos do capitalismo — bancos e lojas de varejo de grandes multinacionais — no bairro comercial da cidade, longe dos ativistas que bloqueavam a entrada para a reunião da OMC. Um comunicado subsequente do Black Bloc listou alguns dos alvos junto com seu significado político:

Fidelity Investment (grande investidor da Occidental Petroleum, motivo de destruição da tribo U'wa na Columbia), Bank of America, US Bancorp, Key Bank e Washington Mutual Bank (instituições financeiras fundamentais na expansão da repressão corporativa), Old Navy, Banana Republic e GAP (empresas da família Fisher, que desmatam as florestas do Noroeste e exploram seus trabalhadores), Nike e Levi's (cujos produtos caríssimos são feitos em fábricas que exploram seus trabalhadores), McDonald's (escravizadores responsáveis pela destruição de florestas tropicais para pastagens e abate de animais), Starbucks (traficantes de substâncias viciantes cujos produtos são feitos às custas de salários abaixo da linha de pobreza por agricultores obrigados a destruir suas florestas no processo), Warner Bros (monopolistas da mídia), Planet Hollywood (por ser Planet Hollywood).[125]

O sociólogo e ativista canadense Lesley J Wood e outras pessoas que observaram as ações diretas explicam que o alvo é a mensagem.[126] Em outras palavras, o que torna esse tipo de ação inteligível é seu alvo.

Como os Black Blocs são autônomos e cada um deles é composto por diferentes pessoas agindo em circunstâncias distintas, eles nem sempre escolhem os mesmos alvos, tampouco recorrem sempre à força em manifestações. Em abril de 2000, durante as passeatas em Washington contra o FMI e o Banco Mundial, o Black Bloc concentrou seus esforços em proteger manifestantes não violentos atacados pela polícia. Quando o FMI e o Banco Mundial fizeram uma reunião conjunta em Praga, em setembro do mesmo ano, um Black Bloc tentou, sem sucesso, entrar à força no centro de convenção, enfrentando uma barricada da polícia com bastões, pedras e coquetéis Molotov. Um mês depois, em Montreal, após uma manifestação contra uma Cúpula do G20, um Black Bloc muito pequeno recebeu uma saraivada de críticas porque seus membros haviam atirados diversos objetos contra a polícia por trás de outros manifestantes, alguns dos quais foram atingidos pelos objetos e, em certos casos, tiveram as roupas manchadas por bombas de tinta. Um black blocker detectou o mesmo problema em um protesto contra a Cúpula da Otan em 2009.[127]

Em 2001, em Buffalo, um Black Bloc entrou em um bairro pobre e começou a recolher o lixo das ruas. Quando repórteres perplexos perguntaram o que eles estavam fazendo, eles explicaram: "Vocês escreveram que iríamos transformar a cidade em lixo. Decidimos retirar o lixo!".[128] Também em 2001, durante as negociações da Área de Livre Comércio das Américas (ALCA) na cidade do Quebec, vários Black Blocs pequenos invadiram o perímetro de segurança e lutaram com os policiais que os protegiam, mas também defenderam outros manifestantes contra a tropa de choque. Em outros lugares, Black Blocs se manifestaram pacificamente, como em 22 de abril de 2001, nos protestos em Washington pelos direitos das mulheres.

Paul, um veterano de manifestações na Europa, resumiu o debate interno de um Black Bloc antes de se tomar a decisão de usar ou não usar a força: "Primeiro, o objetivo da manifestação, a motivação política por trás dela. Depois, a situação geral do movimento político ou social, o tamanho da multidão, sua composição, as pessoas que você vê nela. É uma intuição. Você sabe pela experiência quando uma manifestação vai sair do controle ou, em outros casos, quando é melhor que ela não saia". Referindo-se ao protesto de 19 de julho de 2001 em Gênova durante a Cúpula do G8, em que uma das demandas era liberdade de movimentação e regularização dos que buscavam asilo, Paul apontou que a manifestação permaneceu pacífica, embora mil pessoas com máscaras estivessem formando a retaguarda. A paz foi mantida porque todos sabiam que "era muito perigoso (para os refugiados ilegais). A gente corre o risco de passar a noite na cadeia, mas para eles a coisa pode ser muito pior".[129]

Outro Black Bloc caminhou pacificamente em uma manifestação em Calgary, em junho de 2002, durante a Cúpula do G8 em Kananaskis. Mais uma vez, esse comportamento resultou de escolhas políticas racionais. No dia anterior, uma reunião geral havia determinado que a primeira parte da passeata seria não violenta, e que apenas durante a segunda parte o uso de força seria aceitável. No meio da manifestação, os black blockers deliberaram e, reconhecendo sua posição desfavorável em relação às forças políciais, decidiram continuar a passeata de maneira pacífica pelas ruas de Calgary.

Em 21 de novembro de 2002, três mil anarcocomunistas fizeram uma manifestação durante a Cúpula da Otan em Praga, onde a presença militar era enorme. O uso da força teria colocado os manifestantes em risco em função de sua relativa fraqueza. Em certo momento, uma viatura de polícia abriu caminho em meio à passeata, elevando as tensões. Percebendo que aquilo era uma provocação, o Black Bloc avançou para proteger o veículo de ataques, que serviriam como justificativa para a resposta brutal da polícia.

Por outro lado, durante uma Cúpula do G8 em Évian, quando não havia o menor sinal de manifestação, um Black

Bloc de cem pessoas invadiu o bairro comercial no centro de Genebra na tarde do sábado de 31 de maio de 2003, quando tudo estava calmo, quebrando janelas, arremessando coquetéis Molotov e desaparecendo em questão de minutos. Nos dias seguintes, Black Blocs participaram de ações de bloqueio em coordenação com outros grupos de manifestantes.

Então, em junho de 2003, durante os protestos em Tessalônica (Grécia) contra a cúpula da UE, os black blockers se dividiram em dois grupos: aqueles que defendiam um ataque concentrado contra a polícia e aqueles a favor de atacar símbolos do capitalismo no centro da cidade. No fim, o Black Bloc confrontou a polícia no primeiro dia das manifestações e alvejou símbolos do capitalismo no segundo (enquanto brigavam com policiais que tentavam proteger a propriedade privada).

Em Miami, em novembro de 2003, durante um protesto contra a ALCA (Área de Livre Comércio das Américas), o Black Bloc tentou, em vão, proteger bonecos gigantes da polícia, que passou 30 minutos destruindo os bonecos depois que os manifestantes em fuga os abandonaram na Seaside Plaza.[130] Em um grande protesto contra a Convenção do Partido Republicano em Nova York em agosto de 2004, black blockers caminharam sem máscaras até a manifestação chegar ao centro de convenção, quando então colocaram as máscaras e queimaram um boneco gigante representando um dragão. A batalha com a polícia que veio a seguir durou uma hora.

Em junho de 2005, durante a Cúpula do G8 na Escócia, um Black Bloc conduziu uma "passeata suicida" realizada antes do amanhecer, abandonando o acampamento temporário organizado pelos manifestantes para desviar a atenção da polícia dos vários grupos de afinidade que se organizavam em todo o campo para obstruir rodovias até o nascer do sol. Depois de confrontar diversas barricadas da polícia com bastões e pedras, danificando propriedades pertencentes a corporações multinacionais, a passeata suicida chegou à rodovia e a bloqueou.

Esses são apenas alguns exemplos de Black Blocs nos últimos anos. Esse resumo histórico exemplifica a diversidade das escolhas táticas dos Black Blocs, que muitas vezes incluem caminhar ao lado de outros manifestantes sem conduzir qualquer ação fora do comum.

OUTROS BLOCOS

Grandes manifestações e mobilizações podem abranger uma ampla variedade de práticas: levar faixas, bandeiras e cartazes, tocar instrumentos musicais, usar máscaras e fantasias, e assim por diante. Além disso, sindicatos e outras organizações participantes estimulam seus membros a marcharem juntos por trás de faixas oficiais, e lhes dão cartazes, camisetas e coisas do tipo para aumentar sua visibilidade e seu senso de identidade coletiva. E, para pessoas a favor do confronto, mas que não se veem em sintonia com os Black Blocs, existem outros tipos de "bloco".

Os Red Blocs são compostos por comunistas de um conjunto de grupos. Eles costumam levar bandeiras vermelhas, às vezes com os retratos de Che Guevara ou Mao Tsé-Tung, e seguem as ordens de seus líderes. Ao contrário dos Black Blocs, com seus grupos de afinidade, os Red Blocs têm uma estrutura autoritária e hierárquica. A *Socialisme Maintenant!*, revista em francês (publicada pela última vez em abril de 2002) do Revolutionary Communist Party of Canada, difundiu as instruções de como formar um "punho vermelho", um tipo de grupo de afinidade composto por "cinco camaradas" incumbidos de uma tarefa específica durante a manifestação: segurar uma faixa, distribuir panfletos e jornais ou realizar ataques contra a polícia e alvos simbólicos. "O punho vermelho", acrescentavam as instruções, "não determina por conta própria a tarefa a que irá se dedicar".[131]

O "White Bloc", também conhecido como Tute Bianche [Todos de Branco] se originou nos centros sociais italiano — isto é, ocupações políticas — e permanece muito próximo de organizações da Juventude Comunista, de movimentos de trabalhadores desempregados e dos Zapatistas de Chiapas. Seus uniformes brancos garantem o anonimato, assim como a roupa preta do Black Bloc. Defensores da não violência ofensiva, os Tute Bianche usam armaduras improvisadas (colchões de espuma, capacetes, luvas, máscaras, protetores de perna) e avançam com os braços unidos, usando a massa coletiva de seus corpos para passar pelas linhas policiais, às vezes conseguindo se infiltrar. Um dos objetivos políticos dos Tute Bianche é subverter a dinâmica em que a mídia sistematicamente culpa os ativistas sempre que uma manifestação sai do controle. Portanto, eles sofrem para garantir que a mídia tenha uma boa visão de seu equipamento obviamente defensivo. Um militante do Tute Bianche explica assim:

Queríamos que as pessoas entendessem de que lado está a razão e de que lado começa a violência [...] As pessoas veem nos telejornais imagens que não podem ser manipuladas: uma montanha de corpos que avança, tentando se ferir o mínimo possível, contra os defensores violentos de uma ordem que produz guerras e miséria. E os resultados são visíveis, as pessoas entendem isso, os jornalistas não conseguem inventar mentiras que contradigam as imagens; no fim das contas, os bastões batem e voltam do acolchoado.[132]

O Tute Bianche entrou em ação pela primeira vez em Praga, em setembro de 2000, mas sua batalha mais importante ocorreu em Gênova durante a Cúpula do G8 em julho de 2001. Representantes do Tute Bianche convidaram repórteres para ir à sua sessão de treinamento no Carlini Stadium, onde haviam reunido de 15 a 20 mil pessoas, que em seguida marcharam até a cerca de segurança, protegidos por trás de painéis de acrílico sobre rodas. Em pouco tempo, o contingente foi furiosamente atacado pela polícia. Alguns manifestantes escolheram se dispersar, enquanto outros preferiram permanecer e lutar. Grupos parecidos foram criados na Austrália, na Espanha, na Finlândia e na Grã-Bretanha.[133] No entanto, desde a ação fracassada em Gênova, a tática raramente voltou a ser empregada.

Além dos Black Blocs e do Tute Bianche, existe um outro tipo de bloco, às vezes chamado de Pink Blocs, Pink and Silver Blocs ou Carnival Blocs. Eles reúnem ativistas cujo objetivo é misturar política, arte e prazer em uma única ação. Usam fantasias carnavalescas e extravagantes, e gostam de confundir as fronteiras de identidade sexual.[134] Várias tarefas são assumidas por diferentes grupos de afinidade: teatro na rua e shows de bonecos gigantes, blocos de samba, primeiros socorros e assim por diante.

Os Pink Blocs têm suas origens no Reclaim the Streets, um grupo britânico conhecido por seus carnavais anticapitalistas, e Rhythms of Resistance, um grupo de percussão

Foto da página anterior: Tentativa dos Black Blockers de atrair os policiais com donuts pendurados como se fossem iscas em varas de pescar durante greve estudantil no Quebec, Montreal, 2012. (Neal Rockwell.)

militante cuja tática móvel e ofensiva os colocou em confronto direto com as linhas policiais.[135] O Pink Bloc fez sua primeira aparição em Praga, em setembro de 2000, quando conseguiu passar pela polícia e chegar perto o bastante do centro de convenção a ponto de forçar sua evacuação, interrompendo uma reunião entre o FMI e o Banco Mundial.

Nos Estados Unidos, nas convenções republicanas e democratas de 2000, membros do grupo Billionaires for Bush and Gore [Bilionários a favor de Bush e Gore] se vestiram em roupas formais e entregaram notas falsas para a polícia para agradecer por terem reprimido a dissidência. Enquanto isso, a polícia ficava desconcertada diante dos membros do grupo anarquista revolucionário Clowns Bloc [Bloco dos Palhaço], que, do alto de suas bicicletas de rodas grandes davam uma sova (bem de leve) nos Billionaires for Bush and Gore.[136]

Durante a Cúpula da UE em Gotemburgo em junho de 2001, o primeiro-ministro britânico Tony Blair se referiu ao protesto que se fazia ouvir nas ruas como um "circo anarquista ambulante".[137] Os ativistas em Londres se apropriaram da piada de Blair, reproduzindo-a em uma faixa durante as manifestações de Primeiro de Maio. Outros a levaram mais ao pé da letra, e formaram exércitos de palhaços. O mais antigo desses exércitos é o da comunidade Christiana em Copenhague, ao passo que o que atraiu mais atenção recentemente é o Clandestine Insurgent Rebel Clown Army of Great Britain [Exército Rebelde Insurgente Clandestino de Palhaços da Grã-Bretanha], organizado pela primeira vez durante a Cúpula do G8 em 2005 na Escócia.[138]

Para citar uma declaração do próprio Clown Army: "Somos palhaços, o que mais podemos ser em um mundo tão estúpido? Porque, dentro de cada um, existe um palhaço fora da lei tentando escapar. Porque nada é mais destruidor para a autoridade que a denúncia de seu ridículo". A declaração segue afirmando: "Somos um exército porque vivemos em um planeta em guerra permanente, uma guerra de dinheiro contra vida, de lucro contra dignidade, de progresso contra futuro [...] Porque apenas um exército pode declarar uma guerra absurda contra outra guerra absurda".[139] Embora pratiquem ações diretas de distúrbio, os palhaços são contrários ao uso da força, o que, porém, não os impediram de se juntar às ações de bloqueio de estradas contra a Cúpula do G8 na Escócia.[140] Palhaços rebeldes também atuaram na cúpula da Otan em Estrasburgo em 2009.

Ainda que mais raros, Book Blocs [Blocos de Livros] foram formados durante as mobilizações estudantis na Itália e, depois, por ativistas na Grã-Bretanha e em Oakland. Essa ação envolvia firmar uma linha de defesa durante uma manifestação, usando escudos feitos à mão na forma de livros, com os títulos (*Dom Quixote*, *1984*, *Os Demônios*, *Moby Dick* e vários outros) e às vezes os nomes dos autores visíveis na frente.[141] Em confrontos diretos com a polícia, os book blockers também usaram capacetes.

Em suma, os Black Blocs não são os únicos a recorrer à força durante manifestações. Inclusive, muitas vezes se veem em meio a um caos de grupos de afinidade e pessoas que estão atacando alvos simbólicos ou jogando bombas de gás lacrimogênio e outros projéteis contra os policiais.

Muitas pessoas, sozinhas ou em grupos de afinidades, preferem tornar suas opiniões públicas por meio do uso da força, mas sem usar preto. Por exemplo, para protestar contra a reunião dos chefes da UE no estado de Nice, na França, em dezembro de 2000, manifestantes atacaram empresas e bancos, e enfrentaram a polícia sem formarem um Black Bloc.

No Quebec, em abril de 2001, pouquíssimas das pessoas que derrubaram parte da cerca de segurança estavam vestidas de preto. E, durante a greve estudantil de 2012 no Quebec, às vezes os Black Blocs entravam em ação junto com outras pessoas que, embora não identificáveis como black blockers, também enfrentaram a polícia. Junto com os outros manifestantes, o Black Bloc formou uma linha de frente e atirou pedras na polícia. Foi também o que aconteceu no tumulto surgido quando o Partido Liberal do Quebec realizou sua convenção em Victoriaville. Durante a mesma greve estudantil, pequenos grupos em roupas de Black Bloc manifestaram em Montreal balançando a bandeira do Quebec, demonstrando um espírito nacionalista bem distante da ideologia anarquista normalmente associada aos Black Blocs.

Além disso, mulheres e homens que vão a manifestações com a intenção inabalável de marchar pacificamente podem decidir usar a força depois de presenciar a violência policial ou senti-la na própria pele. Sociólogos que estudam a interação entre manifestantes e policiais observaram e analisaram repetidas vezes o efeito provocador das ações policiais.[142] Esse efeito parece ser cada vez mais frequente. Os acontecimentos em Gênova são talvez o exemplo mais dramático disso. Lá, um grande número de manifestantes inicialmente não violentos acabou respondendo à violência indiscriminada das forças repressoras.

Os Black Blocs e seus aliados adaptam suas ações à situação imediata e mantêm as opções em aberto, com base nas intuições, raciocínios e experiências políticas de cada indivíduo a respeito dos meios adequados para expressar suas convicções políticas.[143]

Violência política

VIOLÊNCIA é trabalhar durante 40 anos, ganhando salários miseráveis e se perguntando se algum dia poderá se aposentar... VIOLÊNCIA são títulos públicos e fundos de pensão roubados, e fraudes no mercado de ações... VIOLÊNCIA é desemprego, emprego temporário... VIOLÊNCIA são "acidentes" de trabalho... VIOLÊNCIA é ficar doente por causa do trabalho insano... VIOLÊNCIA é tomar drogas psiquiátricas e vitaminas para lidar com as horas de trabalho exaustivas... VIOLÊNCIA é trabalhar por dinheiro para comprar remédios para consertar a mercadoria que é sua força de trabalho... VIOLÊNCIA é morrer em macas de hospitais horríveis quando não se pode pagar todas as taxas.

— Proletários da sede ocupada da GSEE (Confederação Geral dos Trabalhadores Gregos), Atenas, dezembro de 2008

Todas as ideologias, assim como todas as religiões, encontraram formas de justificar e estimular a violência de seus seguidores sempre que foi considerado necessário. Por isso, não deveria ser surpreendente que os anarquistas e membros dos Black Blocs tenham empregado a força em determinadas ocasiões para defender e promover suas ideias. O liberalismo, o nacional-socialismo, o marxismo-leninismo, o fascismo e o cristianismo, cada um à sua maneira, e com muito mais frequência do que o anarquismo, recorreram a assassinatos. E os anarquistas, com frequência, têm sido suas vítimas. Por isso, a associação dos termos "anarquismo" e "anarquista" com caos e violência sangrenta sempre foi questionável, especialmente porque nem todo anarquista apoia o uso da força. Alguns, inclusive, adotam a *não* violência de maneira até dogmática.[144]

Um exemplo claro é o debate um tanto surreal sobre a distinção entre violência e não violência que aconteceu entre anarquistas em Boston em 1978. A organização antinuclear Clamshell Alliance estava planejando uma enorme ocupação no local da construção da usina nuclear Seabrook, a 50 quilômetros de Boston. Depois da primeira ocupação, em abril de 1977, quando 1.414 ativistas foram presos, havia sido construída uma cerca de arame no local, e o grupo de afinidade anarquista Hard Rain propôs que fossem levados alicates para abrir uma fenda na cerca. Diversos ativistas se opuseram à ideia, com o argumento de que usar um alicate seria equivalente a violência dolosa, o que afastaria as pessoas, geraria rejeição e daria uma justificativa para a repressão policial. Como alternativa a cortar a cerca, destruindo assim uma propriedade privada, propôs-se que os manifestantes subissem por ela ou cavassem um túnel por baixo.[145] Os membros do Hard Rain, por outro lado, argumentaram que ações simbólicas demais arriscariam distanciar o movimento antinuclear das pessoas da classe trabalhadora, que estavam mais preparadas para confrontar a polícia do que muitos membros da coalizão. A facção "antialicate" venceu, mas não conseguiu organizar a ocupação e, por fim, decidiu fazer um protesto fora do terreno cercado. Alguns meses depois, decidiu-se fazer outra ocupação e, dessa vez, levar alicates. A cerca foi aberta, mas, atrás dela, havia uma fileira de policiais que os ativistas decidiram não confrontar.

Tudo isso ilustra a atmosfera profundamente ética que reina nas redes anarquistas. Frente a frente com o poder quase infinito de uma usina nuclear e a força repressora da polícia com a missão de protegê-la, esses militantes passaram muitas horas debatendo se o uso de alicates para abrir a cerca constituiria ou não um ato de violência. Os defensores de outras ideologias não costumam ter reservas contra o uso de equipamentos muito mais destrutivos do que alicates. As únicas pessoas que já chegaram a dar a ordem de lançar bombas atômicas em cidades — Hiroshima e Nagasaki — eram liberais.

Na verdade, muitos anarquistas consideram a não violência mais legítima do que o uso da força, que, para elas, só é justificável em circunstâncias excepcionais. Entre os pensadores anarquistas mais influentes, não existe consenso sobre o uso da violência. Mikhail Bakunin (1814–1876) e Errico Malatesta (1853–1932) são os teóricos anarquistas que mais se identificam com a ideia de revolução armada; ambos participaram de diversas insurreições na Europa. Em contraste, William Godwin (1756–1836), o filósofo inglês precursor do anarquismo, acreditava nas virtudes da educação e que, para mudar o mundo, é preciso mudar as mentes. Pierre-Joseph Proudhon (1809–1865) defendia a educação e a ação eleitoral e parlamentar; nos últimos anos da sua vida, propôs que os trabalhadores se organizassem imediatamente de maneira igualitária e libertária, em vez de tentar derrubar o Estado.

Emma Goldman (1869–1940) e Peter Kropotkin (1842–1921) mudaram suas posições diversas vezes, mas sempre frisaram que a violência anarquista é muito menos letal que a do Estado. Voltairine de Cleyre (1866–1912) observou que todas as ideologias encontravam formas de justificar a violência mortal de seus apoiadores. Leon Tolstói (1829–1910) repudiava dogmaticamente todas as formas de violência e foi uma forte influência nas decisões estratégicas de Mahatma Gandhi (1869–1948), que, embora não fosse anarquista, tinha lido as obras de Kropotkin e respeitava o anarquismo.[146]

Apesar da relação especial que muitos acreditam existir entre assassinatos políticos e anarquistas, seguidores de *todas* as ideologias políticas estiveram envolvidos nessas formas de ataque. A história do cristianismo, por exemplo, é bem rica nesse sentido. Henrique III da França foi morto pelo frei dominicano Jacques Clément em 1º de agosto de 1589. Dez anos depois, o jesuíta espanhol Juan de Mariana escreveu em seu *De rege et regis institutione* (1598) que "todos podem matar [um déspota] e tirar sua vida e seu poder". Em 1610, François Ravaillac, que sonhava em entrar para os jesuítas, esfaqueou Henrique IV até a morte. E a lista segue. Antimonarquistas também tentaram, diversas vezes, à sua maneira, cortar o mal pela raiz. Carlos I da Inglaterra, em 1649, e Luís XVI da França, em 1793, foram decapitados em momentos de comoção revolucionária. Carlos I de Portugal foi morto com um tiro em 1908. Nenhum anarquista participou das mortes de Abraham Lincoln e John F Kennedy (ao menos que nós saibamos) ou dos atentados fracassados contra a vida de Ronald Reagan, Charles de Gaulle e João Paulo II. Muitos chefes de Estado foram mortos depois de um golpe de Estado ou revolução, entre eles Patrice Lumumba no Congo, Thomas Sanaka em Burkina Fasso, e Nicolae e Elena Ceausescu na Romênia. Nenhum anarquista esteve envolvido nessas mortes.

As Brigadas Vermelhas, que assassinaram o primeiro-ministro italiano Aldo Moro em 1978, eram marxistas-leninistas. Na Índia, Mahatma Gandhi, Indira Gandhi e também o filho dela, Rajiv Gandhi foram mortos sem o menor envolvimento de anarquistas. O presidente egípcio Anwar Sadat foi morto por soldados "islâmicos" de seu próprio exército, e o primeiro-ministro israelense Yitzhak Rabin foi morto por um nacionalista judeu. Nacionalistas de todos os tipos assassinaram muito mais chefes de Estado do que anarquistas. Os presidentes de Ruanda e Burundi perderam a vida em 6 de abril de 1994, quando seu avião foi derrubado por um míssil; o primeiro-ministro ruandês foi morto no dia seguinte por soldados das Forças Armadas regulares; esses atos mergulharam a região em carnificina.

Deve-se acrescentar ainda o terrorismo patrocinado pelo Estado e os atentados, bem-sucedidos ou não, contra as vidas de chefes de Estado orquestrados direta ou indiretamente. A lista de feitos e quase feitos dos Estados Unidos, por exemplo, é bem comprida: Fidel Castro, Che Guevara, Salvador Allende, Muammar Qaddafi e outros. Como parte de sua "guerra contra o terror", os Estados Unidos de hoje em dia praticam assassinatos — muitas vezes com *drones* — contra alvos específicos, como os líderes de redes islâmicas no Afeganistão, no Paquistão e em outros países. E, ao longo dos anos, as Forças Armadas israelenses vêm assassinando líderes palestinos.

A história oficial dos Estados liberais modernos é cheia de ações diretas violentas, conduzidas por pessoas que hoje são aclamadas como heróis da liberdade, da igualdade e da justiça. Em 16 de dezembro de 1773, quando os Estados Unidos ainda estavam sob o domínio imperial da Grã-Bretanha, colonos em Boston usaram disfarces para não serem reconhecidos, entraram no porto em canoas, subiram em três barcos e jogaram as cargas de chá na água. Esses "vândalos" destruíram muitas toneladas de mercadoria para denunciar as taxas impostas pela Grã-Bretanha sobre bens importados e os subsídios financeiros da Coroa à Companhia Britânica das Índias Orientais. Em certo sentido, essa foi uma ação direta em apoio ao livre comércio. Na época, as autoridades coloniais britânicas e os patriotas norte-americanos moderados, como George Washington, acharam que isso não passava de vandalismo e violência ilegítima. Hoje, porém, os patriotas que conduziram a Tea Party de Boston são vistos como heróis do movimento que levou à independência dos Estados Unidos da América. Da mesma forma, a Revolução Francesa envolveu inúmeras ações diretas, sendo a mais famosa delas, obviamente, a invasão da Bastilha em Paris feita por uma grande multidão em 14 de julho de 1789. O Dia da Bastilha foi depois proclamado na França como feriado nacional e, até hoje, é celebrado com grande pompa pelo presidente da república e pelas Forças Armadas. Tudo isso levou uma mulher que participava do Black Bloc de Toronto em 2010 a lamentar a "hipocrisia dos Estados burgueses que nos chama de terroristas enquanto celebram, por exemplo, o 4 de julho nos Estados Unidos e o 14 de julho na França, datas que marcaram o auge de revoluções sangrentas".[147]

Quase todos os regimes liberais atuais, que dizem incorporar valores de liberdade, igualdade e justiça, foram fundados com base em atos muito mais violentos do que as ações diretas conduzidas pelos ativistas de hoje. Os Estados Unidos, depois de ganhar a Guerra da Independência, dominaram os nativos americanos a partir de muitas guerras. A França moderna surgiu como resultado de inúmeras revoluções, sem mencionar as guerras coloniais. O liberalismo foi imposto na Alemanha com uma vitória militar e, no Japão, com a ajuda de bombas atômicas.

Depois de firmado, o Estado liberal se esforça para inculcar na população a ideia de que só ele tem o direito de empregar violência política. As autoridades políticas organizam eventos públicos para ressaltar seu direito ao monopólio da violência. As grandes cúpulas internacionais são exemplo disso; servem como oportunidades para que esses líderes reúnam milhares de policiais fortemente armados e bem visíveis. Guardas de honra, com armas no ombro e uniformes completos, cumprimentam os dignitários estrangeiros ao saírem dos aviões ao som de hinos nacionais, quase todos glorificando valores bélicos. Alguns exemplos: "lutas perigosas" e "bombas explodindo no ar" em meio à "confusão da batalha", seguido pelo grito de guerra "então conquistar devemos", no *Star Spangled Banner*, o hino norte-americano; "teu braço pronto para empunhar a espada" em *O Canada!*; e, claro, o sanguinário refrão de *La Marseillaise*, que exige que "o sangue impuro" do inimigo "banhe nosso solo".

Enfim, o monopólio da violência é a base da autoridade política do Estado. Essa autoridade, por mais liberal que o Estado seja, sustenta-se, em última instância, na violência de sua polícia e de suas Forças Armadas.

Os governos ocidentais e seus defensores chegam a apoiar grupos envolvidos em ações violentas diretas contra os inimigos do regime. Dois exemplos famosos dos anos 1980 foram as milícias armadas dos *Mujahidin*, ou combatentes, do Afeganistão, e os *contras* da Nicarágua, fundados e armados pelos Estados Unidos. A CIA produziu e distribuiu um *Manual for Freedom Fighters* [Manual para combatentes da liberdade] que instruía os nicaraguenses contrários ao regime socialista Sandinista a fazer coquetéis Molotov e usá-los para atacar as delegacias de polícia.[148]

Frequentemente, políticos e jornalistas liberais mostraram simpatia e respeito pelos manifestantes que entravam em confronto com as forças policiais em Estados estrangeiros. Em 1989, por exemplo, uma multidão de "jovens" bombardeou o Muro de Berlim com tiros de canhão.[149] Nenhum jornalista ocidental tentou minimizar a importância política desses atos violentos representando os homens e mulheres que os realizaram como "jovens arruaceiros" ou "bandidos" bêbados em busca de emoção.

Os conservadores também recorrem à ação direta quando autoridades políticas tomam decisões contrárias a seus interesses. Na noite de 24 de abril de 1849, em Montreal, então capital do Canadá, o prédio do Parlamento foi incendiado por uma multidão furiosa que também sabotou o equipamento de combate a incêndio da cidade e atacou o séquito do governador. A multidão era composta quase exclusivamente por membros da elite anglófona da cidade. Nos dias seguintes, a residência do primeiro-ministro foi atacada duas vezes; o Cyrus Hotel, onde o inquérito sobre o incêndio do Parlamento estava acontecendo, também foi incendiado. Os "vândalos" nesse caso estavam reagindo à decisão do Parlamento de compensar os canadenses francófonos vítimas de repressão após a insurreição fracassada dos patriotas republicanos de 1837 e 1838. Vale mencionar, também, que a elite anglófona de Montreal estava ainda mais enfurecida por causa dos muitos anos de ameaças do governo britânico de levar vários de seus membros à falência com uma política de livre comércio que tiraria dos exportadores canadenses suas tarifas preferenciais nos mercados britânicos.[150]

Mais recentemente, na França, nos primeiros meses de

2013, centenas de milhares se manifestaram contra a nova lei a favor do casamento entre pessoas do mesmo sexo. As manifestações se transformaram em tumultos em que grupos de homofóbicos e neofascistas atacaram jornalistas, e jogaram pedras e garrafas na polícia.

Por fim, ao se voltar à mitologia religiosa, também se encontram heróis perfeitamente dispostos a destruir a propriedade comercial. Segundo consta, Jesus teria expulsado os mercadores do templo de Jerusalém com um chicote e jogado o dinheiro e as ofertas ritualísticas deles no chão. Esse é o ato que se considera ter convencido as autoridades religiosas judaicas de que Jesus havia ido longe demais e merecia pena de morte.[151]

É verdade que, mais de um século atrás, anarquistas assassinaram vários monarcas e presidentes. Seu principal objetivo era vingar as mortes de companheiros e trabalhadores nas mãos de carrascos, policiais ou fura-greves alvejando as figuras políticas consideradas responsáveis pela repressão sangrenta. Anarquistas também expressaram solidariedade com a extrema-esquerda, grupos terroristas vagamente marxistas e libertários que, nos anos 1969 e 1970, atuaram na Alemanha (Fração do Exército Vermelho), Itália (Brigadas Vermelhas) e França (*Action directe*) e que tiveram envolvimentos variados no assassinato de políticos, militares e presidentes de grandes corporações. Em todo caso, o desejo básico dos terroristas de ver as massas se erguerem em uma grande onda revolucionária nunca se realizou, e a repressão subsequente imposta ao movimento de protesto como um todo foi especialmente dura. E isso tem sido lembrado por algumas vozes na esquerda e na extrema-esquerda (ecoando declarações feitas na direita por "especialistas" em segurança), que advertiram os Black Blocs contra a "tentação do terrorismo".[152]

Quanto a organizações terroristas, os ativistas parecem ter aprendido algumas lições com as experiências do passado. A ativista Sofiane, que, nos últimos anos, participou de diversos protestos políticos na Europa, declara sua solidariedade aos membros do agora defunto *Action directe*, mas acrescenta que "não concordamos com o que eles faziam. Conhecemos bastante a história política global dos últimos 50 anos para não repetir os mesmos erros".[153]

Em 5 de maio de 2010, durante uma manifestação em Atenas contra as políticas de austeridade do governo, um grupo de anarquistas atirou um coquetel Molotov em um banco apesar das tentativas de outros anarquistas de dissuadi-los. Três empregados do banco morreram asfixiados. O caso provocou uma intensa polêmica entre os anarquistas. Apesar dos rumores de que os causadores do ataque foram, na verdade, agentes provocadores da polícia, alguns não se esforçaram para se distanciar do ocorrido, afirmando que a sociedade grega estava em meio a uma guerra social em que não havia posição neutra, e que os empregados do banco não eram completamente inocentes. Em muitos outros textos, porém, os anarquistas buscaram se dissociar do ataque letal, com base em duas diferentes linhas de argumentação. A primeira posição, minoritária, era que o anarquismo havia se tornado dogmático demais e precisava ser abandonado e substituído pelo pós-anarquismo, isto é, um anarquismo livre das ligações rígidas com o movimento histórico dos trabalhadores e com o mito revolucionário. A segunda, apoiada pela maioria das organizações associadas ao anarquismo "oficial", aceitou parte da responsabilidade pelo que havia acontecido, uma vez que elas se viam como guardiãs da tradição anarquista e se arrependiam de terem permitido que os ativistas que atacaram o banco assumissem uma postura militante que equivalia à arruaça, à fetichização da violência e à adoção do que, na verdade, era uma atitude antissocial. Alguns poucos textos criticaram os "anarco-patriarcas" (ou seja, anarquistas veteranos) por ocuparem espaço demais no movimento, afastando assim militantes mais jovens que decidiram se envolver na violência.[154] No total, a grande maioria dos anarquista gregos acreditava que o ataque ao banco não tinha o objetivo de causar mortes, mas tampouco era um modelo de ação eficaz ou desejável.[155]

Também na Grécia, alguns ativistas, como membros da organização Luta Revolucionária, afirmaram em 2011, num comunicado enviado da prisão, "que a luta armada é sempre parte integral do movimento revolucionário de luta e revolução social. A luta armada é mais adequada e necessária do que nunca, especialmente nas condições atuais de crise econômica". Em seu comunicado, Pola Joupa, Kostas Gournas e Nikos Maziotis explicam que vêm "do meio anarquista e têm muitos anos de experiência participando de protestos, manifestações e ocupações; confrontos nas ruas e assembleias, além de, no caso de alguns de nós, experiência de participação em coletivos e grupos".[156]

Embora algumas propostas que circulam entre os Black Blocs tendam a uma organização clandestina e bastante hierárquica na direção da luta armada, e até mesmo de uma organização de massa militarizada,[157] a grande maioria dos ativistas parece contrária a esse tipo de tática (ainda que a solidariedade àqueles que enfrentam repressão e prisão seja sempre reconhecida como necessária e importante). Nas palavras de um militante que admite ter enfrentado a polícia e destruído alguns símbolos do capitalismo, "a luta armada é uma atividade elitista conduzida por um pequeno grupo que se encontra em segredo. É besteira — todos fazemos isso por conta própria".[158] Mesmo aqueles que acreditam, por exemplo, que o "capital está travando uma guerra contra nós" e que a violência estrutural brutal do sistema equivale a uma forma de "guerra social", não fazem treinamentos com armas, nem as estocam, excetuando-se os poucos coquetéis Molotov. Os anarquistas de hoje podem falar ou sonhar sobre a "revolução", mas não estão se preparando para uma.

Na realidade, apesar de uma renovação genuína, o anarquismo continua sendo um movimento social relativamente fraco que desistiu da luta armada há muito tempo e cujas ações são muitíssimo menos violentas que as do Estado. Ainda assim, o discurso anarquista — em textos analíticos, panfletos, músicas e pichações — são cheios de chamados à revolta contra a polícia, o Estado e o capitalismo. A Anarchist Youth Network of Britain and Ireland [Rede Jovem Anarquista da Grã-Bretanha e Irlanda] declarou em 2003: "Queremos destruir o governo e os privilégios dos ricos [...] O capitalismo deve ser combatido nas ruas".[159] É por isso que existe também uma tendência para associar o Black Bloc ao anarquismo insurrecionário, que valoriza a sabotagem e a violência, ecoando o discurso de Alfredo M Bonanno em *La gioia armata* ("A alegria armada", de 1977) ou de *L'Insurrection qui vient* ("A insurreição que vem" — de 2007), do grupo francês Comité Invisible. Para citar o panfleto *Some Notes on Insurrectionary Anarchism* [Algumas notas sobre o anarquismo insurrecionário]:

Como anarquistas, a revolução é nosso ponto de referência constante [...] precisamente porque é um evento concreto, ela deve ser construída todos os dias por meio de esforços mais modestos que não têm todas as características libertadoras de uma verdadeira revolução social. Esses esforços mais modestos são as insurreições [...] A passagem das várias insurreições — limitadas e circunscritas

— à revolução nunca pode ser garantida previamente por qualquer método. O que o sistema teme não são os atos de sabotagem em si, mas a ideia de que eles se espalhem socialmente.[160]

Em uma veia mais poética, depois das manifestações contra o G8 na Alemanha em 2007, o comunicado "A Anti. Anti-Capitalista!", emitido por anarquistas da Calisse Brigade declarou:

Assim como o amor, a revolta pode às vezes nos pegar de surpresa, quando pensamos não estar preparados; mas, se estivermos abertos para isso, uma revolta, como o amor, nos permitirá aproveitar as oportunidades e situações. Seria bobo dizer que podemos preparar uma revolta. Mas podemos, ao menos, nos preparar para revoltas: faça o que for preciso para ajudar a acender a chama.[161]

A VIOLÊNCIA POLÍTICA "FUNCIONA"?

À parte os debates ideológicos e morais, infelizmente a história e a sociologia não dão nenhuma resposta clara à questão da "eficácia" dos movimentos, manifestações e táticas sociais, sejam eles violentos ou não. São raras as análises sobre essa questão e seus resultados variam.[162] Steven E Baran e Lynne L Snowden concluíram que, em relação a ações coletivas, já que não podemos saber com certeza a diferença entre violência e não violência, não é possível determinar as melhores estratégias para atingir as mudanças que os grupos de ativistas buscam.[163]

O debate sobre táticas violentas e não violentas é ainda mais inevitável porque, como diz o ativista e escritor anarquista Randal Amster — e vários outros —, é extremamente difícil concordar sobre os critérios que julgam a eficácia de um movimento social ou mesmo de uma manifestação.[164] Qual é a medida do sucesso de uma manifestação? O grau de atenção recebida pelos líderes políticos, pelo público em geral, pela mídia? A extensão em que a vida política e econômica da cidade ou do país é perturbada? O fato, por mais que seja chocante, de ser preso ou mesmo espancado pela polícia — algo que Gandhi e seus apoiadores incitaram algumas vezes — para expor o lado negro do "domínio da lei"? O maior prestígio pessoal dos organizadores de manifestações?

Além disso, para além de uma manifestação única, como se podem definir os objetivos mais amplos de um movimento social? Quando se considera, por exemplo, o movimento contra a globalização capitalista, o objetivo é acabar com o capitalismo ou reformulá-lo? Se for esta última opção, as ações dos Black Blocs e seus aliados prejudicarão os ativistas não violentos que exigem reformas ou, em razão de sua alta visibilidade, farão pressão nas autoridades políticas para que eles apressem as reformas? Por fim, trata-se de uma questão de trocar uma elite política por outra — mais especificamente, trocar os líderes atuais pelos porta-vozes de grandes organizações do movimento alterglobalização ou das campanhas antiausteridade?

A respeito da avaliação da mobilização coletiva dos anarquistas, Randall Amster diz que é preciso levar em conta:

Utilidade de táticas de ruptura; mudanças culturais em vez mudanças apenas políticas ou econômicas; a direção da mudança em vez de meros objetivos específicos; a reclamação do espaço para as atividades do movimento; a mudança na ênfase das questões no debate público; a reestruturação dos sentidos de termos e de interações; a concentração no fortalecimento e nas construções de identidade dos atores do movimento; o destaque da legitimidade e do engajamento dos participantes; a criação de uma "ameaça crível" às autoridades instituídas; e o nível de repressão sofrido pelo movimento, seja abertamente ou não.[165]

Em todo caso, a "eficácia" de uma ação militante ou de um movimento social sempre deve ser examinada. Conseguiu mobilizar pessoas? Aumentou a exposição na mídia? Mudou o equilíbrio de poder em relação a seus inimigos? Ganhou aliados e representou um papel de liderança entre eles? Serviu de exemplo para as populações que ele diz representar? Arrecadou mais do que ações? Afetou o resultado das eleições? Além disso, a "eficácia" de um movimento social ou manifestação deve ser determinada em relação à heterogeneidade dos participantes, que verão essa eficácia de maneira distinta se forem novos no movimento, veteranos do ativismo autônomo, voluntários em uma organização militante, empregados de uma associação comunitária, militantes que sonham em fazer carreira em um partido político, pessoas com cargos oficiais em suas organizações (como presidente, tesoureiro, porta-voz na mídia) e assim por diante.

Acadêmicos e "líderes" militantes, porém, tendem a conceber a eficácia em termos de ganhos sistêmicos, isto é, representação mais forte nas instituições oficiais e maior participação dos recursos coletivos.[166] A tendência a avaliar a eficácia de um movimento pelo seu potencial de levar os "representantes" para o processo decisório das instituições que cuidam da globalização econômica é precisamente o motivo pelo qual os líderes das organizações costumam condenar o Black Bloc (uma questão explicada adiante).

Essa dinâmica não é exclusiva do movimento alterglobalização. Frances Piven e Richard Cloward, assim como outros sociólogos, descreveram como os líderes autoproclamados de um movimento social tendem a manter seus membros disciplinados para que a elite política oficial reconheça "seus chefes" como únicos representantes responsáveis e respeitáveis do movimento.[167] O irônico, porém, é que as ações diretas dos Black Blocs e seus aliados podem ter efeitos positivos para os reformistas tão dispostos a censurá-los. Afinal, as ações — na verdade, a própria existência — dos Black Blocs e seus aliados têm o potencial de balançar toda a esfera política, obrigando as autoridades e os reformistas titulares de cargos públicos a se reposicionarem e engendrarem debates, lutas e mudanças de alianças, estratégias e orientações capazes de transformar o *status quo* econômico e político, originar negociações e, com o tempo, gerar reformas. Reformas movidas por ações radicais é um paradoxo? Nem tanto. Na verdade, o uso da força por determinadas partes de um movimento social amplo pode beneficiar as próprias pessoas que condenam essa escolha tática.

Os exemplos clássicos de Mahatma Gandhi e Martin Luther King são esclarecedores nesse aspecto. A história oficial atribui grande sabedoria política e moral a esses dois famosos defensores da ação direta não violenta. Com frequência, descreve-se que eles venceram apenas através de práticas não violentas. No entanto, tanto um como o outro faziam parte de movimentos amplos que incluíam atores políticos que recorriam à força e conduziam ataques armados contra a polícia e contra as Forças Armadas. Será que os ativistas não violentos teriam triunfado sozinhos, sem a violência de seus aliados, na expulsão de colonizadores britânicos da Índia ou no fim da segregação racial nos Estados Unidos?[168]

Exemplos dos movimentos feminista e trabalhista são igualmente esclarecedores. Como discutido anteriormente, as feministas do início do século xx, apesar de sua forte inclinação à ação não violenta, às vezes recorriam à força, botando fogo em igrejas, quebrando vitrines, ocupando postos de votação, e destruindo urnas e cédulas eleitorais. Em torno da mesma época, militantes sindicalistas, em face da polícia tantas vezes brutal e da repressão militar, participaram de ações violentas que evidenciaram as campanhas do movimento trabalhista por direitos políticos e condições decentes de trabalho. Como Emmeline Pankhurst lembrou, sobre os primeiros momentos do movimento sufragista:

Nenhuma mulher pensou em como ou por que os trabalhadores rurais haviam ganhado seu direito de voto. A verdade é que eles conquistaram o direito queimando celeiros, protestando e fazendo outras demonstrações de força da única forma como os políticos ingleses conseguem entender. A ameaça de uma passeata de cem mil homens até a Casa dos Comuns para que fosse aprovada uma lei representou um papel na emancipação política do trabalhador rural. Mas nenhuma mulher sufragista percebeu isso.[169]

É bem plausível que, em todos esses casos, a pressão gerada pelas ações violentas levaram as autoridades a pensar seriamente em aceitar um certo grau de emancipação com o objetivo de isolar e neutralizar mais facilmente as pessoas envolvidas nesses atos. Dessa forma, o uso da força pode ter contribuído para a independência da Índia, para o fim da segregação racial nos Estados Unidos, e para a relativa emancipação de mulheres e trabalhadores no Ocidente. Nesse sentido, o uso da força na arena política pode muito bem ser um meio eficaz de gerar debate e mudança em situações que, à primeira vista, parecem imutáveis.

De todo modo, desde o princípio do movimento alterglobalização, nunca foi claro o efeito, se é que houve algum, das mobilizações e os protestos pacíficos sobre o neoliberalismo e o capitalismo. Ward Churchill, em seu estudo *Pacifism as Pathology* [Pacifismo como Patologia], adverte contra os defensores dogmáticos da não violência, que agem sob a ilusão "patológica" de que uma vigília à luz de velas na frente, por exemplo, da sede do departamento de guerra é um meio "eficaz" de acabar com a guerra (assim como seria absurdo supor que atirar uma pedra em uma janela de banco perturbaria o capitalismo; em ambos os casos, a ação é, no fim das contas, simbólica, expressando graus variados de uma crítica mais ou menos potente). A ativista anarquista Tammy Kovich, que acompanhou o Black Bloc na Cúpula do G20 em Toronto, afirmou:

A postura pacifista é aceita sem questionamentos, ao passo que os praticantes de táticas mais agressivas são vistos com maus olhos. Precisamos virar esse debate ao contrário: considerando a gravidade da situação que enfrentamos, a opressão a que nos opomos, e reconhecendo a necessidade urgente de uma intensificação da nossa luta, precisamos começar a nos perguntar se a não violência *pode ser justificada.*[170]

No atual contexto não revolucionário, os radicais, em vez de ficar esperando a chegada de um mundo novo, lutam no mundo existente para abrir e ampliar os espaços de liberdade, igualdade e justiça. Os ativistas podem achar isso frustrante, na medida em que evidencia sua falta de controle sobre as possíveis repercussões meramente reformistas das suas ações políticas. Mas isso vale para qualquer ator político em um mundo complexo.[171]

Fora dos debates na mídia alternativa, porém, a mensagem da "violência" política continua sendo geralmente mal-entendida. Considerando como eles são recriminados pelos principais meios de comunicação, que, ao mesmo tempo, promovem tão intensamente o consumismo de grifes cujas vitrines têm sido alvo preferencial em manifestações, os Black Blocs e seus aliados terão de conduzir muito mais ações diretas para que os bens materiais percam sua condição sagrada e para que tais ativistas façam uma diferença no cenário político.

Mesmo assim, os Black Blocs receberam algumas respostas positivas. Suas ações, inclusive, já foram elogiadas por manifestantes não violentos que sabem que a força é necessária em algumas ocasiões para aumentar a visibilidade e o dinamismo das campanhas. Os Black Blocs costumam ser acompanhados por dezenas ou mesmo centenas de manifestantes cuja presença comprova seu apoio simbólico, moral e político.

Esse foi o caso, por exemplo, quando blocos feministas radicais ergueram bandeiras pretas e púrpuras (cores do anarcofeminismo) na Cúpula do G20 em Toronto em 2010 e durante a manifestação do Primeiro de Maio em Montreal em 2012. Um jornalista que cobria os protestos NO TAV na Itália em 2011 citou "uma senhora idosa" sobre o tema dos Black Blocs: "Eles podem ser anarquistas, mas a gente deve agradecer, porque eles estão fazendo alguma coisa por nós".[172]

O ALVO É A MENSAGEM

Os protestos nunca são organizados ao acaso. Seus alvos são sempre escolhidos pelo valor simbólico que eles carregam. Clément Barrette entrevistou participantes de protestos políticos e relatou que "todas as pessoas afirmaram que os alvos eram escolhidos por causa do valor simbólico associado a eles. Quase todos destacaram que certos princípios éticos eram aplicados para a destruição dos alvos, tendo-se em vista a imagem projetada do protesto".[173]

Sobre o tema da presença do Black Bloc na manifestação Occupy Oakland, um anônimo comentou:

Para o prazer da grande maioria das várias centenas de manifestantes, uma minoria ativa dentro da passeata começou a atacar uma série de alvos: Chase Bank, Bank of America, Wells Fargo, Whole Foods, o escritório do presidente da Universidade da Califórnia [...] A escolha desses alvos parece intuitiva para qualquer pessoa a par do clima político de Oakland. Os bancos atacados são responsáveis por dezenas de milhares de execuções de hipoteca só em Oakland [...] Sejam quais forem as razões para destruir esses lugares, o extraordinário desses ataques era que eles não precisavam de nenhuma justificação. A cada vidraça que caía no chão e a cada ATM fechada, havia novos aplausos. Em 1999, no auge da prosperidade neoliberal, participantes do Black Bloc na cúpula da OMC em Seattle emitiram um comunicado detalhando os crimes de seus alvos. Mais de dez anos e uma crise mundial depois, uma justificativa dessas pareceria besteira. Todo mundo odeia esses lugares.[174]

Em princípio, os Black Blocs não atacam centros comunitários, bibliotecas públicas ou mesmo pequenas empresas independentes. Seus ataques se concentram contra os símbolos das grandes corporações. Vale repetir: o alvo é a mensagem. Muitos críticos aos Black Blocs apontaram que, em meio à confusão, pequenas empresas independentes foram atacadas. Em seu artigo "The Cancer of Occupy" [O câncer do Occupy], Chris Hedges afirma que "grupos de manifestantes do Black Bloc quebraram, por exemplo, as janelas de um café local em novembro em Oakland e saquearam o estabelecimento".[175]

De fato, os alvos das ações dos Black Blocs nem sempre são emblemáticos do Estado ou do capitalismo corporativo. Em Primeiro de Maio de 2013, em Seattle, a polícia dispersou um protesto e alguns dos manifestantes reagiram quebrando janelas, incluindo a do bar local chamado Bill's Off Broadway. Segundo um observador, os ativistas estavam dizendo: "Eu adoraria quebrar uma janela do Bank of America, mas nunca quebraria a vidraça de uma lanchonete ou pizzaria de bairro — e ninguém que eu conheça faria isso. O que foi que aconteceu?".

Então, quem quebrou? Foram manifestantes de última hora, sem consciência política, ou "manifestantes que esqueceram a parte 'direcionado' da ideia de 'dano direcionado contra propriedade'"? Em todo caso, um grupo chamado Anarchists of Puget Sound emitiu a seguinte mensagem: "Apoiamos tudo o que aconteceu ontem à noite, mas achamos que é nossa responsabilidade apoiar as pequenas empresas de nosso bairro também [...] Gostaríamos de fazer um evento para juntar dinheiro para o Bill's Off Broadway e outros pequenos negócios para ajudá-los com o custo de trocar suas vidraças".[176]

Segundo minhas próprias observações, é muito raro que os black blockers quebrem janelas de lojas pequenas. Em todo caso, é prudente investigar mais antes de concluir que houve violência meramente gratuita. Em Montreal, por exemplo, a porta de vidro de uma pizzaria foi quebrada durante uma manifestação; o que se descobriu alguns dias depois foi que diversos policiais haviam se abrigado no restaurante depois de capturar um manifestante e que o Black Bloc estava tentando libertar seu companheiro.

Em Estrasburgo, em abril de 2009, um Black Bloc atirou um coquetel Molotov contra um Ibis Hotel. "Por quê?", eu me perguntei, embora o Ibis seja um grande hotel internacional. Alguns anos depois, em um panfleto sobre aquela mobilização específica, descobri por que ativistas o haviam considerado um alvo legítimo: o hotel havia abrigado jornalistas que cobriam o encontro oficial da Otan; a polícia estava se escondendo nele para espionar os manifestantes e o hotel explorava refugiados em processo de deportação.[177]

Durante três dias em abril de 2009, milhares de manifestantes em Estrasburgo, Alemanha, alguns pacíficos, outros nem tanto, marcaram o 60º aniversário da Otan. Estrasburgo, 2009. (Reproduzido com a permissão de Umbruch Bildarchiv.)

Sobre o incidente em Oakland, a jornalista gráfica Susie Cagle explicou: "O vandalismo no 'café local' que Hedges alega ter sido cometido por ativistas dos Black Blocs era na verdade uma janela quebrada de uma cadeia corporativa de cafés [...] e por uma pessoa que não estava usando máscara, não estava de preto".[178]

Ao longo dos anos, um número cada vez maior de testemunhas se apresentou para contar que muitas vezes os Black Blocs protegeram outros manifestantes contra ataques da polícia. Durante o debate nos Estados Unidos sobre a presença de Black Blocs nas manifestações do Movimento Occupy, um jornalista-ativista declarou: "Vi Black Blocs desprendendo seus companheiros (tirando pessoas da custódia policial) sem ferir ninguém ou quebrar nada [...] Vi Black Blocs devolvendo bombas de gás lacrimogênio de onde elas tinham caído para aliviar o sofrimento de manifestantes, crianças e idosos entre eles".[179]

Durante a greve estudantil no Quebec de 2012, várias declarações na internet agradeceram os Black Blocs por protegerem ou resgatarem manifestantes da brutalidade policial. Um homem de 67 anos postou o seguinte comentário no blog de Jean-François Lisée, conhecido político e jornalista quebequense:

Ontem, minha mulher e eu fomos nos juntar aos jovens nas ruas. Um policial chamou minha esposa de velha caquética e fui brigar com ele, que então jogou spray de pimenta na minha cara. Um membro do Black Bloc veio me ajudar e passou um líquido nos meus olhos que aliviou a dor. Antes, eu tinha medo dos jovens black blockers mascarados... Agora não mais. Tenho medo dos jovens oficiais mascarados da SPVM [força policial de Montreal].[180]

Do mesmo modo, depois de ver o Black Bloc devolver bombas de gás lacrimogênio para a polícia, levantar barricadas e prestar primeiros socorros aos feridos, uma manifestante escreveu no Facebook:

Não ouvi ninguém agradecer aos membros do Black Bloc e outros radicais que tiveram a coragem de se colocar entre a polícia e a população... OBRIGADA... Eu me recuso a condenar vocês... Espero que não tenham de intervir novamente. Eu gostaria que a presença de vocês não fosse necessária... Mas, na verdade, vocês foram a última barreira de defesa das pessoas que tentavam exercer seus direitos democráticos.[181]

VIOLÊNCIA ANARQUISTA E RESPEITO À DIVERSIDADE TÁTICA

O debate entre violência e não violência é uma fonte eterna de tensão entre os círculos progressistas e radicais, em que a ética do uso da força é uma preocupação maior do que parece ser para as elites políticas, incluindo os liberais. No início dos anos 1990, a expressão "fluffy vs. spiky" [fofos vs. espinhosos] era como os ativistas de língua inglesa caracterizavam o debate.[182] Nesses termos simplistas, os Black Blocs são, obviamente, a quintessência do "spiky".

No fundo, porém, essas distinções são discutíveis. Em 2000, durante a manifestação contra o FMI e o Banco Mundial em Praga, o Black Bloc levou uma bola de praia de quatro metros de diâmetro para brincar com o canhão de água da polícia, mas também atirou coquetéis Molotov contra ela.[183] No mesmo protesto, uma integrante do coletivo Tactical Frivolity, composto por mulheres fantasiadas de fadas gigantes e associado ao Pink & Silver Bloc, expressou sua desconfiança em relação ao debate "fluffy vs. spiky". As pessoas poderiam esperar que ela condenasse toda e qualquer violência de maneira categórica, mas, em vez disso, ponderou: "O que é violência quando o Estado está matando pessoas todo dia? E as pessoas no Banco Mundial comem bebês do Terceiro Mundo no café da manhã, então, se eles levam um tijolo na cara, bem... a culpa é deles".[184]

No entanto, não é raro surgirem discussões, agressões

Foto da página ao lado: Um black blocker chuta uma granada de gás lacrimogênio de volta para a polícia durante o Congresso do Partido Liberal do Quebec em 4 de maio de 2012, Victoriaville, Quebec. (Fotografia de David Champagne, davidchampagne.ca. Reproduzida com permissão do fotógrafo.)

Protesto Heart Attack contra as Olímpiadas de 2010, Granville Street, Vancouver, Canadá, 13 de fevereiro, 2010. (Stephen Hui.)

verbais e mesmo brigas físicas entre manifestantes, nas quais os ativistas "violentos" apanham de ativistas "não violentos", ou "polícia da paz", como eles foram apelidados em "A Communiqué from one section of the Black Bloc of N30 in Seattle" [Comunicado de uma seção do Black Bloc de N30 em Seattle], divulgado na internet depois das manifestações de 1999. Citando o comunicado: "Em pelo menos seis ocasiões diferentes, os ativistas chamados de 'não violentos' atacaram fisicamente pessoas que alvejavam propriedades corporativas. Alguns chegaram a ficar na frente da loja Niketown, empurrando e expulsando o

Black Bloc".[185] Mais de dez anos depois, durante o protesto do Occupy em Oakland, black blockers foram hostilizados por manifestantes "não violentos", um dos quais os ameaçou com golpes de artes marciais.

Mais recentemente, durante a greve estudantil de 2012 no Quebec, manifestantes "não violentos" atacaram membros do Black Bloc, pegando-os ou empurrando-os por trás e jogando-os no chão. Dois manifestantes estavam até orgulhosos ao falar para a mídia, referindo-se às vitrines quebradas: "Não queremos isso. Então, hoje, nas ruas, fizemos a lei com as nossas próprias mãos!".[186]

Esses ativistas da "polícia da paz" foram claramente autoritários e repressores em suas tentativas de impor a não violência à força. Mas isso significa que um grupo de algumas dezenas de amilitantes pode usar a força de maneira legítima contra símbolos do capitalismo ou contra a polícia durante um protesto correndo o risco de transformar milhares de outros manifestantes em alvos da violência policial?

Em algumas das mobilizações que aconteceram por volta de 2000, foi proposta a identificação de determinadas áreas da cidade por cores para permitir que diferentes tipos de manifestações acontecessem ao mesmo tempo. Isso aconteceu no protesto Reclaim the Street em Londres, em 18 de junho de 1999, no primeiro Dia de Ação Global, convocado pelo Ação Global dos Povos (AGP), uma rede anticapitalista fundada em Genebra em 1998 e próxima dos rebeldes Zapatistas; nas passeatas de protesto contra o FMI e o Banco Mundial em Washington em abril de 2000; e em Praga, em 26 de setembro de 2000, para o protesto contra a Cúpula do FMI e do Banco Mundial. O código por cores possibilitou distinguir entre três passeatas distintas: azul para o Black Bloc, acompanhado pela banda Infernal

Noise Brigade; amarelo para o Tute Bianche; e rosa para o Pink & Silver Bloc.[187]

Em Praga, foi preciso definir uma "separação entre eventos permitidos e não permitidos por tempo e espaço para garantir o espaço seguro para estrangeiros, pessoas de alto risco ou outros que queiram ter a garantia de evitar qualquer forma de repressão policial". Também foi importante cultivar um "senso de unidade entre todos os aspectos da ação, seja ela permitida ou não".[188] Em Montreal, militantes pertencentes à Convergence des Luttes Anticapitalistes [CLAC: Convergência de Lutas Anticapitalistas] pensaram que, para facilitar a diversidade tática, seriam necessárias formas adequadas de mobilização, organização e discurso.

Em 2001, a CLAC, junto com o Comité d'Accueil du Sommet des Amériques [CASA: Comitê de Boas-Vindas à Cúpula das Américas], propôs um novo conceito, "respeito pela diversidade de táticas", um princípio que valorizava a autonomia política em um movimento único.[189] A expressão não era inteiramente nova. Havia sido usada, por exemplo, nos Estados Unidos em 1990, durante discussões sobre todo o movimento antiguerra, que, como foi discutido, deveria aceitar manifestações lícitas e pacíficas, assim como atos de sabotagem.[190]

A CLAC, fundada em abril de 2000, se especializou em organizar manifestações, colocando cartazes de mobilização, alugando caminhões e equipamentos de música, distribuindo comida e água, montando equipes para fornecer assistência médica e jurídica, e assim por diante. Mas essa organização não participava diretamente das ações de grupos de afinidade e manifestantes individuais.

O respeito pela diversidade tática e a ausência deliberada de líderes significava que os participantes de protestos da CLAC conduziam ações muito variadas, desde teatro de rua a ataques conta alvos simbólicos. Em consequência, os "comitês de mídia" da CLAC não denunciavam as ações dos Black Blocs e aliados em suas declarações públicas. Além disso, quando organizavam uma manifestação, a CLAC identificava três zonas: "verde", "amarela" e "vermelha". A zona verde era um refúgio onde, teoricamente, os manifestantes não corriam riscos de serem presos. A zona amarela era para quem realizava desobediência civil não violenta e envolvia pequeno risco de prisão. A zona vermelha era para os manifestantes dispostos a táticas mais agressivas, incluindo confrontos com a polícia.

Essas divisões espaciais também tinham o objetivo de permitir que os manifestantes que não queriam participar desses confrontos, nem correr o risco de serem presos, se associassem abertamente a organizações radicais como a CLAC. Deve-se notar, porém, que a polícia de Montreal e do Quebec nem sempre seguia essas divisões. Tanto é que os policiais atacaram zonas "verdes" em diversas ocasiões; nos protestos contra a OMC em Montreal em julho de 2003, por exemplo, eles prenderam 240 pessoas reunidas em uma zona verde.

A CLAC pôde articular o conceito de "respeito pela diversidade tática" graças não apenas à valorização da autonomia da ação coletiva entre seus membros, mas também às circunstâncias internacionais e ao contexto particular de ativismo em Montreal na época. No fim dos anos 1990, muitos membros da CLAC haviam trabalhado no SalAMI, grupo fundado para protestar contra o Acordo Multilateral sobre Investimentos (AMI) por meio de desobediência civil não violenta e prisões voluntárias em massa. Com o tempo, o SalAMI foi ficando cada vez mais autoritário e seus líderes começaram a dar cada vez mais "lições de moral" sobre não violência. Em diversas ocasiões, chegaram a recriminar publicamente os "vândalos" pertencentes a outros grupos militantes.[191] Em um protesto organizado em Montreal, em 15 de março de 2000, pelo Collectif Opposé à la Brutalité Policière [COBP: Coletivo Contrário à Brutalidade Policial], manifestantes entraram em confronto com a polícia. Um McDonald's e alguns bancos foram atacados, e mais de cem pessoas foram presas. Os líderes do SalAMI, assim como os do Mouvement Action Justice [MAJ: Movimento Ação Justiça], condenaram os "vândalos" publicamente. Nesse momento, vários militantes abandonaram o SalAMI e entraram para a CLAC ou outros grupos militantes que promoviam o respeito à diversidade tática.

Por fim, a posição declarada da CLAC a favor da diversidade tática tinha o objetivo de conscientizar os ativistas ocidentais do sentido de "violência". Como integrante da Ação Global dos Povos (AGP), a CLAC achou útil lembrar que aquilo que no "Norte" é considerado violento — derrubar uma cerca, quebrar uma janela, jogar uma pedra em um policial — pode parecer trivial considerando os protestos e movimentos de resistência do "Sul", onde os conflitos políticos e econômicos são muito mais polarizados, os manifestantes costumam arriscar a vida ao agir, e o uso de armas como facas e até armas de fogo é às vezes considerado necessário para impedir massacres nas mãos da polícia, das forças militares ou paramilitares.[192] A CLAC adotou os princípios da AGP, propondo, entre outras coisas, a adoção de uma "atitude de confronto, já que não acreditamos que simples apelos conseguem sensibilizar organizações tão desumanas e pouco democráticas", tanto quanto o emprego da "ação direta e desobediência civil".[193]

O respeito à diversidade tática também condiz com o anarquismo. Até porque, o que o diferencia de outras ideologias políticas não é sua posição relativa à violência, mas sim seu profundo respeito pela igualdade e pela liberdade individual. Clément Barette entrevistou diversos cidadãos franceses que participaram de manifestações. Ele observa que eles se definem como "anarquistas", "ativistas autônomos (*autonomes*)", "comunistas" e "comunistas libertários". Acrescenta que, em meio à confusão de rótulos, "a autonomia na tomada de decisão e na ação é o principal critério [...] em relação à atividade política ou ao recurso à violência".[194]

No entanto, entre os black blockers e seus aliados, existem alguns que, vez por outra, adotam uma postura mais dogmática e desdenhosa em relação aos que não usam força, uma atitude expressa em sua recusa a debater de maneira sincera durante as reuniões em que se discutem os preparativos para uma manifestação. Nesses momentos, a noção de respeito pela diversidade tática pode ser usada como desculpa para não considerar os pontos de vista daqueles se sentem incomodados com manifestações violentas.[195] Em geral, porém, os black blockers não têm problemas em respeitar a diversidade tática e a pluralidade de ações coletivas em manifestações: seja em passeatas com cartazes, bandeiras e frases; manifestações sentadas ou deitadas e ações de bloqueio não violentas; peças, músicas e teatro de fantoches na rua; exibições de grandes faixas e pichações; ou, é claro, no uso da força.

A maior parte dos ativistas dos Black Blocs sabe muito bem que vários anarquistas e simpatizantes, incluindo amigos e pessoas próximas, realizam manifestações pacíficas e de desobediência civil não violenta, e que suas escolhas devem ser respeitadas e sua segurança garantida.[196] Um entrevistado que participou de vários grupos de afinidade dentro de Black Blocs afirmou: "Nunca obriguei ninguém a jogar nada. Eu apoio a diversidade tática, e existem membros do Black Bloc que não querem usar força e formam grupos de afinidade de voluntários, médicos, por exemplo".[197]

Um morador de Boston que havia participado de diversas manifestações sem nunca recorrer à força afirmou em uma entrevista que o "respeito pela diversidade de táticas é essencial [...] Quando o assunto é violência [...] sei muito bem que não tenho todas as respostas sobre o tema da escolha entre violência e não violência, então não vou impedir as pessoas de fazer o que elas querem; não quero esse tipo de poder".[198]

Às vezes, a diversidade tática assume a forma de manifestações paralelas, como as organizadas recentemente para o Primeiro de Maio em Berlim e Montreal. Na passeata realizada pelos sindicatos, os manifestantes foram mantidos na linha por um conjunto de líderes, ao passo que uma passeata anticapitalista separada era mais tolerante a ações diretas. Durante o protesto contra a Cúpula do G20 em Toronto em 2010, o Black Bloc e seus simpatizantes se separaram da manifestação, correndo na direção oposta para atacar símbolos do capitalismo. Em toda a greve estudantil do Quebec de 2012, houve chamados para "ações violentas".

Em outras situações, depois que algumas janelas foram quebradas em grandes manifestações, várias pessoas acusaram furiosamente os Black Blocs, dizendo que eles colocaram em risco manifestantes que desejavam uma passeata pacífica. Apesar de suas diversas referências à igualdade e à participação de cidadãos, pouquíssimas organizações progressistas respeitam a diversidade tática e aprovam o pluralismo entre os ativistas. Ao contrário, a maioria dos porta-vozes de grupos reformistas acham esse conceito intolerável. Por incrível que pareça, isso aconteceu com a Convergence des Luttes Antiautoritaire et Anticapitaliste [CLAAACG8: Convergência de Lutas Antiautoritárias e Anticapitalistas], uma organização geral de anarquistas franceses e europeus, incluindo a Alternative libertaire, a Confédération nationale du travail, a Fédération anarchiste, a Organisation communiste libertaire, a Organisation socialiste libertaire e a Réseau No Pasaran.

A CLAAACG8 foi fundada durante a preparação para Cúpula do G8 de junho de 2003 em Évian. Sua meta era possibilitar que grupos que costumavam rivalizar entre si juntassem forças e cooperassem com as organizações sociais democráticas na enorme passeata unitária contra a cúpula. O objetivo era fazer com que o contingente vermelho e negro ultrapassasse numericamente o de outras organizações que participavam, como o LCR, os Greens e a ATTAC, que haviam negociado o caminho e os preparativos de segurança da passeata junto com as autoridades francesas e suíças. Missão cumprida (ao menos segundo as reportagens no *Le Monde*), para a grande alegria dos organizadores anarquistas.[199]

Mas essa escolha política havia significado controlar os manifestantes para impedir que as coisas saíssem do controle (garantindo, assim, o sucesso da estratégia institucional dos organizadores e projetando a imagem pública desejada da CLAACG8). Embora se pronunciasse a favor da diversidade tática, a CLAAACG8 havia formado sua própria organização de líderes e informado que não seria permitido ver o contingente vermelho e negro como um "porta-aviões" (como disse um organizador) para aqueles que planejavam ações diretas. O motivo dado para tudo isso era não colocar em risco os manifestantes que não queriam confrontar a polícia.[200] No fim das contas, o contingente da CLAAACG8 participou da passeata "unitária" muito pacífica, mas uma série de ações violentas havia acontecido antes, na manhã daquele dia, muito longe do local da manifestação.

O método "institucional" da CLAAACG8 foi lamentado por vários grupos e indivíduos autonomistas, que ficaram profundamente desapontados ao ver grupos anarquistas seguindo a onda da alterglobalização e medindo o sucesso de suas mobilizações em comparação com as dos social democratas e em termos de cobertura nos principais meios de comunicação. Em resposta, alguns anarquistas de Estrasburgo e de outras cidades formaram um contingente que se identificou como "CLAAAC réfractaire" [CLAAAC refratário], que marchou logo atrás dos líderes do CLAAACG8 entoando frases sobre a "polícia libertária". O Humus Bloc, por sua vez, divulgou uma declaração sarcástica a respeito dos "preparativos de segurança da manifestação feitos em acordo com a polícia para impedir que 'vândalos' conduzissem quaisquer ações 'terroristas'" e perguntando se era "necessário negociar a autogestão dos manifestantes com os policiais".[201]

Em suma, as várias táticas militantes, embora nem sempre em harmonia umas com as outras, contribuem com a ideia de diversidade tática. Os limites entre os diferentes blocos são tênues, o que possibilita experiências híbridas. Em 2005, na Escócia, o Black Bloc, como mencionado, participou de uma Passeata Suicida para desviar a atenção da polícia dos batalhões de palhaços e seus aliados que haviam se espalhado pela mata, ressurgindo depois em todo o campo para bloquear as rodovias. Posteriormente, os palhaços cercaram os policiais que haviam rodeado o Black Bloc, ridicularizando-os e distraindo-os.[202]

Durante a Cúpula do G8 em Évian em 2003, um Pink

Bloc de 1.500 pessoas coordenou suas ações de bloqueio em Lausanne com um Black Bloc de 500 indivíduos.[203] Em novembro de 2001, durante a reunião conjunta do FMI com o Banco Mundial em Ottawa, o coletivo ambientalista Living River, que pratica rituais pagãos em manifestações e conta com a feminista Starhawk entre seus membros, formou um círculo de solidariedade em torno de um Black Bloc para protegê-lo da polícia. Tricotando cachecóis, o grupo barulhento se colocou entre a polícia e o Black Bloc, permitindo que o bloco fugisse.[204]

Os contornos dos blocos às vezes são nebulosos. Em Montreal, em 7 de março de 2004, durante uma passeata "unitária" do Dia Internacional das Mulheres, os Pink Panthers, um grupo de afinidade gay, organizou um Pink Bloc cujos participantes, de todos os gêneros, usavam roupas com cores brilhantes e máscaras rosas.[205] Apesar das tentativas dos policiais de intimidá-los, eles conseguiram realizar um "beijaço" em frente à plataforma para mostrar o elemento gay dentro do movimento das mulheres.

As "maNUfestações" que ocorreram durante a greve estudantil no Quebec de 2012 incluíam centenas de mulheres e homens caminhando seminus; os rostos de algumas mulheres estavam escondidos atrás de máscaras (assim como os dos ocupantes nus que protestaram em Berlim nos anos 1980), para que pudessem caminhar nuas nas ruas sem serem reconhecidas, em um Black Bloc improvável que demonstrava ao mesmo tempo força e vulnerabilidade.

SIMBOLISMO PERFORMATIVO

As ações carnavalescas dos protestos dos Pink Blocs, como a descrita anteriormente, podem ser problemáticas para as elites, pelo simples fato de serem realizadas com um espírito muito festivo. Do mesmo modo, os Black Blocs "brincam" ao encarnar o personagem do "anarquista violento", ao mesmo tempo adotando e moldando a imagem associada aos anarquistas no imaginário ocidental. Segundo o ativista e antropólogo anarquista David Graeber, mesmo as ações mais agressivas realizadas pelos Black Blocs têm mais a ver com o espetáculo do que com a violência em si.

Muitos elementos das rebeliões populares nas sociedades ocidentais da Idade Média perduraram e ressurgiram nos protestos anticapitalistas do fim do século XX e início do XXI. Na Idade Média,[206] a população costumava aproveitar os dias de carnaval, quando as ruas eram suas, para expressar — às vezes de maneira festiva, às vezes de maneira violenta — sua insatisfação com as autoridades políticas, religiosas ou econômicas. O anonimato já era uma preocupação na época e os estudiosos de movimentos de protestos populares identificaram uma "tradição de anonimato", a qual vale manter hoje, considerando que os poderes em vigor não têm escrúpulos em punir quem os desafia.[207]

Por trás de máscaras e fantasias, a população que participava das celebrações medievais se sentia menos exposta à brutalidade das autoridades. Séculos depois, durante a Cúpula das Américas no Quebec em 2001, membros do Black Bloc usaram máscaras onde estava impresso o seguinte manifesto: "Permaneceremos sem rosto porque recusamos o espetáculo da fama, porque somos todos, porque o carnaval nos chama, porque o mundo está de ponta-cabeça, porque estamos em toda parte. Usando máscaras, mostramos que não importa quem somos, mas o que queremos, e o que queremos é tudo para todos".[208] Os carnavais medievais também tornavam menos perigoso expressar a raiva, seja pelo riso e pela sátira, pela violência simbólica (queimando imagens, por exemplo) ou pela violência física (pilhando lojas conhecidas por cobrar demais por necessidades básicas ou saqueando as casas de coletores de impostos, entre outras ações).

As cúpulas internacionais são em si verdadeiros festivais — embora mais cerimoniais do que festivos — em que as elites ocupam o palco central e fazem um espetáculo para todo o mundo. Uma Cúpula do G20 atrai milhares de jornalistas que são cumprimentados e acomodados de acordo com os planos detalhados dos organizadores da cúpula. O objetivo desses eventos tem muito mais a ver com o simbolismo do que com a tomada de decisões; a maioria das negociações já foi realizada e as grandes decisões foram tomadas previamente, em reuniões ministeriais de bem menor visibilidade.

Diante do espetáculo oficial projetado para legitimar e glorificar o poder, o contraespetáculo da "festa de rua" luta para manifestar o poder do protesto e corroer a aura de legitimidade do poder oficial. É considerando isso que se pode interpretar, por exemplo, a ideia do Deconstructionist Institute for Surreal Topology [DIST: Instituto Desconstrucionista para a Topologia Surreal], um grupo que levou uma catapulta em tamanho real para a Cúpula das Américas de 2001 no Quebec. Pela primeira vez na história recente, as autoridades haviam montado um perímetro de segurança de diversos quilômetros de diâmetro que a população local logo apelidou de "muro da vergonha".[209] A catapulta, cuja munição consistia exclusivamente em ursos de pelúcia, serviu para salientar a imagem de poder entrincheirado por trás de uma muralha. O que aconteceu em seguida foi um verdadeiro absurdo. Jaggi Singh, conhecido membro da CLAC, foi identificado pela polícia como líder dos Black Blocs, preso e detido durante semanas sob acusações que incluíam porte de arma, a saber, a catapulta apreendida pela polícia. Foi algo inédito na jurisprudência da América do Norte.

Jaggi Singh acabou sendo absolvido de todas as acusações. Mesmo assim, Serge Ménard, ministro da segurança pública do Quebec durante a Cúpula das Américas, insistiu em sua teoria sobre a catapulta: "Sei que, a longo prazo, ela faz parte um plano. Porque, na próxima manifestação que eles organizarem, onde quer que seja, alguma coisa vai estar dentro do urso de pelúcia. Pode ser ácido, coquetel Molotov, tijolos".[210] Doze anos depois da Cúpula das Américas, não surgiu nenhuma outra catapulta nas manifestações alterglobalização.

Alguns ativistas, como os anarquistas que publicaram o "Manifeste du Carré Noir" [Manifesto do Quadrado Negro] durante a greve estudantil de 2012 no Quebec, veem seus ataques contra propriedade pública e privada não como violência, mas como um "gesto político e simbólico".[211] O ataque contra símbolos pode ser entendido como uma forma de "propaganda pela ação". Destruir ou saquear mercadorias possibilita que a pessoa expresse abertamente uma crítica radical a empresas específicas ou ao capitalismo e à sociedade de consumo como um todo; ao mesmo tempo, permite que ela atinja a aura sacrossanta que cerca os bens de consumo em nossa sociedade.[212]

Uma quebequense que tinha participado de diversos Black Blocs afirmou: "Quebrar uma janela ou atacar um veículo de mídia é uma tentativa de mostrar que os bens materiais não são tão importantes".[213] Muitos dos participantes de ações diretas ficam inclusive surpresos com a indignação de pessoas diante de algumas janelas quebradas, visto que a "propriedade não sente dor", para usar a frase de uma pichação em Seattle durante os acontecimentos de 30 de novembro de 1999.

Em sua pesquisa, o antropólogo e ativista Jeffrey Juris se concentra nos aspectos "simbólico-expressivos" do que chama de "violência performativa". (Outro acadêmico, Maxime Boidy, está estudando o sentido social da performance visual dos Black Blocs.) Tendo estudado de perto os Black Blocs em ação na Cúpula do G8 em 2001 em Gênova, ele observa que, além da "violência" de baixa intensidade, o objetivo da ação é "produzir mensagens concretas que desafiam o capitalismo global e o Estado", e "gerar identidades radicais".[214] Graeber argumenta que a baixa intensidade da violência é exatamente o que incomoda as elites, pois os "governos simplesmente não sabem como lidar com um movimento abertamente revolucionário que se recusa a cair nos velhos padrões da resistência armada".[215] E quem parece mais violento? Um policial fortemente armado ou um anarquista usando um mero gorro de lã e uma máscara de papel? E, dos dois, quem é *realmente* mais violento, ao menos em potencial? Eis a resposta de um ativista: "Mas, sério, basta uma pedra contra um helicóptero, um pau contra um carro blindado, e eles nos chamam de violentos? Sinceramente, não tem como comparar: eles são os verdadeiros assassinos, são as mãos deles que estão ensopadas de sangue".[216]

O artista canadense Marc James Léger, ao defender uma abordagem estética à questão, compara as ações do Black Bloc na Cúpula do G20 em Toronto em 2010 a uma obra de arte, concluindo que:

Essas ações não estabelecem sua realização imediata como objetivo, mas sim o comunicado de que o desejo de destruir o capitalismo nunca pode ser satisfeito com gestos tão limitados. O desejo é mais profundo e passa de um símbolo a outro, reproduzindo-se em direção ao infinito. Mesmo assim, como afirma a vitrine quebrada, a transgressão da Lei simbólica também causa nervosismo [...] O que os ativistas do movimento devem fazer é olhar indiretamente para a janela quebrada, talvez de um ponto de vista estético.[217]

No entanto, parte da extrema-esquerda reprova os Black Blocs precisamente por se contentarem com a postura estética de rebelde, sem que suas ações prejudiquem o capitalismo de forma significativa.[218] Para a anarquista canadense Tammy Kovich, essa crítica

desconsidera completamente as características prefigurativas do bloco. É absolutamente verdade que quebrar uma vidraça não chega perto dos atos necessários para se criar uma nova sociedade; porém, um Black Bloc faz muito mais do que quebrar vidraças. O bloco, enquanto corpo pulsante na rua, é organizado de maneira horizontal. As decisões são tomadas na hora por todos os participantes [...] A imagem de fora do bloco é muito diferente da realidade e da experiência de dentro; o ethos do Black Bloc é de solidariedade e cuidado coletivo [...] Fundamental para o projeto de criar uma nova sociedade é criar novas maneiras de ser, interagir e se organizar uns com os outros.[219]

As origens da raiva contra o sistema

Mais do que qualquer outra coisa, é a relação dos Black Blocs com a força e com a "violência" que permeia as discussões sobre eles. As pessoas de fora costumam ver os Black Blocs como expressões de fúria cega. Suas manifestações, suas ações diretas e seus tumultos colocam em questão a sua razão de existir. Mas, em vez de ver isso como uma racionalidade à parte, que define justiça, liberdade, igualdade e segurança de acordo com critérios diferentes dos seus, os Estados e seus defensores costumam alegar que a única coisa em jogo nesses atos é a emoção irracional.[220]

É possível, claro, achar a ideologia anarquista desinteressante e preferir o liberalismo, ou então preferir a não violência a qualquer forma de violência. É possível, também, discordar das análises e motivações políticas dos participantes de Black Blocs, articuladas e divulgadas em sites, fanzines e jornais anarquistas, ou resumidas em pichações como "O capitalismo não pode ser reformado", "Sem justiça, sem paz! Foda-se a polícia",[221] "Paz, amor e bombas de petróleo", "Você faz planos, nós fazemos história", "Destrua a falsa terra dos sonhos", "Ocupe o mundo",[222] "ACAB" [All Cops Are Bastards, ou Todos os Policiais São Filhos da Puta]. Mas a discordância não pode servir de desculpa para se recusar a examinar seriamente as ideias e a lógica daqueles que participam de Black Blocs. Dizer que eles são jovens meramente apolíticos e irracionais é, na melhor das hipóteses, preguiça intelectual e, na pior, uma mentira política.

EMOÇÃO

A forma mais comum de depreciar os Black Blocs é dizer que eles não representam nada além da emoção pura ou do impulso agressivo. Quando algumas vitrines de lojas foram atingidas, em 2003, durante uma reunião da OMC em Montreal, o editor do *La Presse*, Mario Roy, escreveu: "Vandalismo é o contrário do pensamento. A única coisa atuando ali é a sensação, o *prazer*".[223] É verdade que, assim como muitas pessoas sentem emoções fortes e alegria durante ações e agrupamentos políticos pacíficos, alguns sentem verdadeiro êxtase com o uso político da força. Um manifestante europeu admite explicitamente: "As sensações mais fortes que já tive vieram em protestos".[224] Além disso, segundo um grupo de afinidade que participou do Black Bloc em Gênova em julho de 2001, a monotonia do mundo de hoje é o motivo por que "destruir tem que ser *divertido*".[225] Mas esse impulso emocional não significa que essas ações não tenham racionalidade econômica ou política.

Durante as mobilizações contra o G8 na Alemanha, em 2007, uma rede de grupos de afinidade autodenominada "Brigadas Internacionais" propôs um "Plano B", que envolvia se manifestar em Berlim em vez de Rostock, perto do local da Cúpula. Embora esse projeto alternativo não tenha dado certo, o chamado de protesto incluiu referências explícitas ao prazer sentido recentemente na manifestação em Rostock: "Entre para a batalha da alegria [...] Atrás de cada máscara havia um sorriso, em cada pedra atirada contra o inimigo comum, havia prazer, em cada corpo que se revoltava contra a opressão havia desejo [...] Individualmente não somos nada, juntos somos força. Juntos somos uma comuna: a comuna de Rostock".[226]

Alegria não é a única emoção que incentiva os Black Blocs: há também a raiva. Para o antropólogo Sian Sullivan, participante-observador de protestos contra a União Europeia em Tessalônica, em junho de 2003, o uso da força e a destruição de propriedade estão ligados à raiva contra um sistema desigual e explorador.[227] Segundo Sullivan, o uso da força nos protestos anticapitalistas neutraliza com eficácia três reações básicas, porém infrutíferas, ao sistema político e econômico atual. Primeiro, a apatia social, a passividade patológica e o isolamento voluntário.[228] Depois, o recurso à terapia individual ou em grupo, e programas de desenvolvimento espiritual. Por fim, a conclusão *a priori* de que a não violência é racional e eficiente, ao passo que a força militante é irracional e ineficaz.[229]

Além de citar estudos que mostram que o ativismo melhora a sensação de bem-estar e reduz os efeitos da depressão, Sullivan sugere que os ativistas devem exigir "o direito de ter raiva".[230] Nesse aspecto, em entrevistas com anarquistas, quando lhes perguntei se eles já tinham chorado por razões políticas, 23 de 25 pessoas responderam que sim, revelando um forte envolvimento emocional com a política.[231] Vários entrevistados me disseram que haviam derramado lágrimas de raiva diante da injustiça (pobreza, racismo, brutalidade policial etc). Portanto, alguns ativistas veem a ação militante e, inclusive, a força militante como forma legítima de expressão de raiva em um sistema enfurecedor. Um black blocker afirmou que "o Black Bloc tem a ver com pegar a raiva e direcioná-la contra um inimigo, um alvo racional".[232] Do mesmo modo, um ativista que havia participado de protestos em Lausanne contra a Cúpula do G8 em Évian em 2003 disse que o "capitalismo mata [...] É certo reagir à injustiça destruidora com raiva".[233] "Raiva é um dom", declarava uma frase escrita em um muro na Universidade Aristóteles em Tessalônica durante a Cúpula da UE em junho de 2003.[234] Por fim, ao comparar suas experiências militantes anteriores no Canadá com sua participação em um Black Bloc na Alemanha em 2007, dois "companer@s" da Calisse Brigade questionaram a relativa moderação do ativismo na América do Norte: "O que precisa para ficar com raiva e lutar?".[235]

Razão e emoção não são mutuamente excludentes; ambas podem gerar um desejo político que justifica a ação política. A ação política, seja ela violenta ou não, é gerada por uma vontade política que, por sua vez, é produto de um argumento ou de uma emoção, ou de uma mistura de ambos. Os poucos sociólogos e cientistas políticos que investigaram o papel das emoções na política observaram que tanto emoção como razão constroem o pensamento e a vontade políticos.[236] George Katsiaficas usa o termo "racionalidade emocional".[237] O cientista político George E Marcus argumenta que os cidadãos só podem ser atores políticos responsáveis e racionais se estiverem engajados emocionalmente em alguma questão. Sem um envolvimento emocional na política, por que pensar nela? Por que se envolver?[238] No fim do século XIX, Voltairine de Cleyre apresentou a seguinte explicação sobre ser anarquista: "A atividade mental por si só, porém, não bastaria [...] O segundo motivo, portanto, pelo qual sou anarquista é o fato de ter uma grandíssima proporção de sentimentos [...] Ora, meus sentimentos sempre se revoltaram contra todas as formas de repressão".[239]

As emoções também entram em jogo na formação de uma comunidade rebelde e no compartilhamento do prazer de finalmente agir e do medo da repressão. Uma pessoa que participou dos protestos antiausteridade em Londres em 2011 confirmou essa ideia:

Descer a rua e se mover como grupo pode dar prazer. É um clima de resistência, não de caos. Você poderia se machucar ou ser preso, então tem uma combinação de medo e de adrenalina, e a noção de que agora é a hora de agir porque tudo pode acabar muito rápido. Existe uma intensidade no momento. Não é só uma questão de sair quebrando as coisas, mas de manifestar sua política e seu sentimento nas ruas.[240]

Muitos black blockers consideram o prazer sentido ou a frustração desafogada no calor da ação como emoções ilegítimas que, como uma doença que não se pode mencionar, devem ser mantidas em segredo. Outros, ao contrário, encaram esses sentimentos abertamente e os explicam em termos políticos e sociais. Clément Barrette, por exemplo, comenta que "várias das pessoas entrevistadas durante nossa pesquisa falaram de uma *frustração* que parece ser um sentimento *consciente,* admitido e integrado ao processo de politização. Como tal, ela é vista como uma força motriz da ação coletiva".[241] As emoções sentidas por esses anarquistas e seus aliados adquirem sentido em circunstâncias políticas, econômicas e sociais muito específicas as quais, por sua vez, estruturam suas visões, seus conceitos, análises e argumentos políticos, e afetam suas escolhas táticas e estratégicas. A sensação de frustração se origina, particularmente, de viver em um sistema econômico e político considerado injusto, violento e letal.

A noção de violência restauradora que traz prazer ou possibilita a liberação de frustração condiz com as referências políticas, culturais e artísticas compartilhadas por pessoas envolvidas em ações diretas. Na França e no Quebec, por exemplo, os filmes *O ódio* (1995), de Mathieu Kassovitz (de que as redes radicais italianas gostam muito), e *Ma 6-7 va craquer* (1996), de Jean-François Richet, são bem populares entre os anarquistas. Ambos são sobre protestos nos subúrbios da França. No campo musical, Bérurier Noir, uma banda anarcopunk francesa dos anos 1980, é uma das favoritas, com músicas como "Baston" (do álbum *Macadam Massacre*, de 1983):

Os policiais nos prendem por nada [...]
Eles não deveriam ficar surpresos
Por apanharem na cabeça.
É natural sentirmos ódio
Quando eles nos batem.[242]

Outra das músicas favoritas é "One Dead Cop", da banda punk novaiorquina Leftöver Crack: "A polícia mata e depois mente um pouco mais / Em uma conspiração para enjaular os pobres" e "Os policiais são como outra gangue, / mas talvez a maior, saca? / Porra, não podemos fazer nada. / Foda-se a polícia".

A banda punk Jeunesse Apatride, de Montreal, chegou a dar o título *Black Bloc-n-Roll* a seu álbum de 2002. "Black Bloc Revenge" [Vingança Black Bloc] é o título de uma música tocada pelo grupo francês Brigada Flores Magon. A lista das favoritas dos black blockers e manifestantes inclui canções como "Sleep Now in the Fire" [Agora durma no fogo], do Rage Against the Machine, ou "Resisting Tyrannical Government" [Resistir ao governo tirânico], do Propagandhi, entre outros. Na Alemanha, os *Autonomen* ouvem canções que expressam forte antinacionalismo e se referem a ações antifascistas, como "I Can't Love This Country" [Não posso amar esse país], do Across the Border, "Raven gegen Deutschland" [Furioso contra a Alemanha], do Egotronic, e "Halt dein Mund" [Cala a boca], de Johnny Mauser. Também é bem popular entre os ativistas alemães a música "Nazi Scums" [Lixo nazista], da banda dinamarquesa Skarpretter, sobre a luta contra neonazistas nas ruas: "A bandeira negra antifascista na anarquia / Não é para suas mãos imundas / NO PASARAN! / Temos um inimigo para derrotar / Precisamos enfrentá-lo nas ruas / Existe um momento para lutar e esse momento chegou / Estamos indo atrás de vocês, lixo nazista!".

Naturalmente, não existe uma relação simples de causa e efeito entre gosto musical e ação direta. Ou seja, não basta gostar da Bérurier Noir para sair atacando policiais e quebrando as janelas de um McDonald's. A relação entre ação e cultura é complexa e múltipla. A música pode ajudar a decodificar a realidade, aumentar a sensação de pertencimento a uma comunidade, promover a solidariedade e confirmar a convicção de que o mundo é injusto e violento; ela também pode legitimar a violência contra a polícia e redimir o tumulto. Alguns músicos tocam em eventos de solidariedade a manifestantes[243] e, em geral, também participam das manifestações. Além disso, o ambiente da contracultura punk — assim como do hip hop, do techno e do electro — é permeado de violência. Os punks vivem sendo hostilizados pela polícia, os shows são atacados por skinheads neonazistas, pessoas que ocuparam propriedade privada são brutalmente despejadas pela polícia, e assim por diante. Em algumas ocasiões, as próprias letras das músicas são incorporadas aos protestos. Isso aconteceu em uma manifestação realizada durante a greve estudantil do

Quebec de 2012. A multidão pegou uma frase da canção do grupo dada-punk Mise en demeure, "Violence légitime, mon oeil" [Violência legítima, meu olho]. A canção, que aparece no álbum de 2013 do grupo, *Il pleut des pavés* [Estão chovendo paralelepípedos], foi escrita depois da manifestação em que a polícia usou granadas, tirando a visão de um olho de um manifestante: "C'est pas les pacifiques qui vont changer l'histoire / on pitche des pavés, pis on brûle des chars" [não são os pacifistas que vão mudar a história / atiramos paralelepípedos, queimamos carros]. Em "La commune", a mesma banda expressou a ideia de que lançar pedras em janelas de bancos é uma forma de expressão de ideias políticas: "On a lancés des belles idées en forme de roches sur des vitrines" [atiramos belas ideias na forma de pedras nas janelas].

O aspecto festivo do tumulto é destacado na canção "Petit agité" [Criança agitada], de Bérurier Noir, em seu álbum *Concerts pour détraqués* [Shows para os dementes], de 1985:

Marcados pelo ódio
  Jovens embriagados
  Nada a perder
  Carros em chamas
  Os projéteis queimam
  E a loucura vence
  Crianças rebeldes
  Incendeiam as lixeiras
  É tempo de festa esta noite.[244]

Étienne, que participou de protestos políticos na Europa, explica: "O que me impressiona em todos os protestos é o aspecto alegre do vandalismo. Você tem a sensação de que as pessoas estão comemorando [...] Elas pulam e dançam de um lado para o outro [...] É realmente exuberante, é divertido".[245] David Graeber, cujo artigo "The New Anarchists" [Os novos anarquistas] foi publicado na *New Left Review*, afirma que "ajudar a derrubar a cerca de segurança [na Cúpula das Américas no Quebec] foi sem dúvida uma das experiências mais emocionantes da minha vida".[246] E palavras como "inebriante", "feliz" e "orgástico" são recorrentes nas entrevistas de Clément Barette com manifestantes políticos franceses.

Alguns sites são inteiramente dedicados a imagens e vídeos de protestos. Ativistas visitam esses sites regularmente, recomendam e trocam endereços virtuais, e chegam a se reunir em certas noites — às vezes com um amplo estoque de bebidas alcoólicas — para assistir aos "melhores" protestos em sites como "The Ultimate Riot Collection" e "World Wide Riots".[247] O termo "riot porn" foi usado para expressar o entusiasmo que essas imagens provocam. Assim como a pornografia apresenta supostos "roteiros sexuais", ou seja, formas de se envolver em relações sexuais, o "riot porn" permite que os espectadores fantasiem sobre imitar as performances dos manifestantes filmados. Mas é claro que esse não é um termo bem visto, dada a referência explícita à exploração sexual das mulheres. "Riot theatre" ou "riot choreography" seriam termos mais adequados.

Figura da página seguinte: "Em 18 de agosto de 1990, vamos impedir que os nazistas marchem em Wunsiedel". Pôster de uma ação antifascista para impedir uma marcha nazista em Wunsiedel em 18 de agosto de 1990. Nesse lugar está o túmulo do famoso criminoso de guerra nazista Rudolf Hess, e era um lugar de peregrinação de nazistas até 2005, quando todas as marchas em homenagem a Hess foram proibidas. (Reproduzida com a permissão de HKS 13. Berlim.)

VERHINDERN WIR DEN NAZIAUFMARSCH AM 18.8.90 IN WUNSIEDEL

TREFFPUNKT: 13,30 UHR BÜRGERMÜHLWEIH

Am 17.8.90 jährt sich der Todestag des ehemaligen Hitlerstellvertreters und Kriegsverbrechers Rudolf Hess zum 3.Mal Unter der Parole"Rudolf Hess- Märtyrer für Deutschland" veranstalten am 18.8. sämtliche Alt-und Neonazis (FAP, NF,Nationale Liste,Wiking Jugend etc.) einen Bekentnismarsch für dessen faschistische Ideologie.Mit ihrem Marsch wollen sie Wunsiedel systematisch zum Wallfahrtsort für die europäische Naziszene ausbauen.Dies läßt sich u.a.daraus entnehmen,daß sie ihren Aufmarsch bereits für die nächsten fünf Jahre angemeldet haben.
Aufgrund der veränderten Situation (Annexion der DDR) könnte dies der größte Naziaufmarsch seit Jahren werden. Damit dem nicht so ist,werden Wir ihnen die Straße weder in Wunsiedel noch sonstwo überlassen,denn nur,wenn Wir ihnen entschlossen entgegentreten werden sie es sich überlegen,ob sie weiterhin derartige Veranstaltungen durchführen können.

KEINEN FUSSBREIT DEN FASCHISTEN !
GEGEN NATIONALISMUS, STAAT, KAPITAL
UND PATRIARCHAT

autonome gruppen

V.i.S.d.P.: Peter Müller, Mehringdamm 61, 1000 Berlin 61

A alegria massiva, como a que é mostrada em representações da Revolução Francesa e em imagens da queda do Muro de Berlim, 200 anos depois, tem origens em um contexto social e político particular. Um grupo de afinidade do Black Bloc em Gênova declarou especificamente que a ação direta deles não era meramente uma "arena onde pessoas violentas poderiam extravasar a raiva", porque seus alvos não eram escolhidos ao acaso.[248] Mas outro black blocker afirmou: "Acho que é uma expressão de frustração, uma maneira de extravasar a raiva para as pessoas que perceberam que seus interesses estão em conflito com os das instituições que elas estão atacando".[249]

Sobre a polícia e o sistema político-econômico, o participante de um Black Bloc do Quebec, em abril de 2001, afirmou:

Ações diretas geram um certo prazer. Vou explicar. A verdadeira violência é a do Estado e da opressão capitalista. A opressão é visível constantemente. Todos os dias em que passamos por um McDonald's nos lembramos que existe exploração. Algumas pessoas vivem sendo atacadas pela polícia. Mas, nesses momentos, em geral, estamos em uma posição de fraqueza. Essas situações de exploração e opressão causam frustração, levando-nos a buscar uma válvula de escape, que o vandalismo nos proporciona.[250]

Para Paul, veterano francês de diversos protestos políticos, os confrontos coletivos com a polícia lhe possibilitaram uma "vingança": "A violência estatal faz parte do cotidiano. Nem sempre ela é tão visível quanto nos protestos, mas está lá, disseminada, nas esferas econômica, social e institucional, na polícia e na maioria das pessoas respeitáveis. O protesto é um ato de exasperação total, uma primeira reação".[251]

Embora as ações dos Black Blocs sejam movidas por

emoções, eles não podem ser reduzidos ao estereótipo de jovens bandidos irracionais atrás da violência cega pelo puro prazer de destruir tudo e todos. Pelo contrário, as emoções vêm de um contexto social e de uma vivência política. Ação direta é uma *reação* a sentimentos de injustiça e situações de opressão, desigualdade e violência sistêmica.

Um jovem de um bairro pobre de Quebec, que vivia sendo importunado pela polícia, viu nas manifestações de abril de 2001 uma mudança momentânea na luta de poder, e a chance de abandonar o papel de vítima impotente. "Eu venho dos subúrbios e os policiais fazem o que querem lá durante o ano todo e ninguém fala nada", explicou ele. "Acertar um policial não é violência, é vingança."[252] Declarações duras como essa comprovam a percepção de que o mundo é injusto e que as vítimas diárias da brutalidade policial, assim como as do sistema econômico e político como um todo, precisam de alívio. Aqui, a emoção está no centro da ação, mas ela é sentida apenas em um contexto econômico e político específico, e é parte de um exame de táticas mais abrangente. Maxim Fortin, que examinou as ações do movimento anticapitalista durante a Cúpula das Américas no Quebec, observa:

> *Os fatores que levam os jovens de bairros pobres e guetos a adotar os métodos dos Black Blocs são relativamente óbvios: 1) eles permitem que eles expressem sua raiva fisicamente, seja ela contra o "sistema", contra a polícia, contra os ricos etc; 2) reduzem o risco de serem presos, ainda que a pena para os presos seja rigorosa; 3) tornam possível se apropriar de mercadorias que, em outras circunstâncias, estariam além de seus recursos; 4) capacitam-nos a protestar sem ter de se envolver em redes militantes normalmente exógenas a suas próprias redes sociais e dominadas por "ativistas brancos de classe média e alto nível educacional" que costumam*

estar em posição de dedicar seu tempo ao ativismo mais formal e organizado.[253]

Mesmo em situações muito violentas como a de Gênova em 2001, é possível expressar uma poética da liberdade por meio de um protesto político. Isso fica claro na carta que uma pessoa que protestava contra a legitimidade da Cúpula do G8 escreveu para a "mãe" (provavelmente do autor):

Em torno dessas fortalezas cercadas, fico contente às vezes por entrar em espaços liberados por nossos esforços. Tive uma sensação às vezes infinitesimal de liberdade quando criamos as Zonas de Autonomia Temporária,[254] as ruas pertenceram a nós por alguns poucos momentos preciosos [...] Não há por que me recriminar como um democrata, só quebrei alguns pratos; a casa, infelizmente, ainda está de pé.[255]

A ECONOMIA

As emoções sentidas em ação podem ser explicadas pelas circunstâncias econômicas e políticas vivenciadas pelos membros dos Black Blocs e seus grupos de afinidade, bem como por sua análise anarquista em comum sobre o sistema capitalista. Um "anarcocomunista" francês que participou de várias manifestações na Europa disse, nos seguintes termos: "Eu trabalhei e ainda trabalho em bares, obras, fábricas. Lá, vejo que meus interesses não são os mesmos do chefe. Então, tem uma verdadeira guerra social: são sempre aqueles próximos a mim — família, amigos — que sofrem, sempre as mesmas pessoas que são vítimas todos os dias, no trabalho etc". Diante da pergunta "Por que conduzir ações diretas contra o sistema?", ele respondeu: "Existem milhões de motivos. O capitalismo só produz motivos para lutarmos contra ele. Toda produção capitalista causa dor; meu próprio prazer nesse sistema traz sofrimento para outras pessoas. Esse mundo faz você vomitar, e os horrores que você presencia diariamente pedem uma reação".[256]

Esse discurso está claramente em sintonia com a análise crítica anarquista, que descreve o capitalismo como um sistema fundamentalmente ilegítimo, por se basear no princípio autoritário e desigual da divisão hierárquica entre, de um lado, aqueles que dirigem e organizam o trabalho e a produção de bens e serviços e, de outro, aqueles cujo trabalho é produzir esses bens e serviços. Os investidores e proprietários determinam sozinhos a produção e os lucros, enquanto os assalariados ficam subordinados a eles e precisam se submeter a suas decisões ou pedir demissão e procurar outro trabalho, em que estarão novamente sujeitos à vontade de seus superiores na hierarquia. Nessa estrutura econômica, na qual a busca pelo lucro importa mais do que, por exemplo, a manutenção de um ambiente de trabalho seguro, muitos empregados se machucam ou até mesmo morrem no trabalho. O que é verdade no nível micro também é verdade no nível macro. Os proprietários preferem acumular lucros a se preocupar com os milhões de pessoas na África e em outras regiões que, sem conseguir pagar por medicamentos vitais, sofrem com aids ou, então, se preocupar com os efeitos ecológicos desastrosos da superprodução e do hiperconsumismo. Além disso, em vários países, os defensores do capitalismo não hesitam em ameaçar e matar pessoas que tentam defender os direitos e a dignidade dos trabalhadores. Por fim, a globalização capitalista agrava as desigualdades dentro e fora dos países.

Para os anarquistas, o único sistema econômico legítimo seria aquele cujo objetivo primário é satisfazer às necessidades fundamentais de cada indivíduo e permitir que os produtores participem diretamente das decisões relativas à produção, à organização de trabalho e à distribuição de superávits ou lucros.[257] O capitalismo, porém, se baseia no princípio do direito à propriedade privada como algo superior, e à busca de lucros ilimitados em detrimento às necessidades básicas dos menos favorecidos. O lema "lucros antes da vida" resume bem o princípio central do sistema.

Alguns esquerdistas, em vez de censurar a violência dos Black Blocs e aliados, apontam a violência implacável do sistema econômico e político dominante, isto é, contrastam a violência mínima dos Black Blocs à violência excessiva do sistema contra o qual protestam. Jaggi Singh, do CLAC de Montreal, nunca havia usado da força durante uma manifestação.[258] Entretanto, algumas semanas antes da Cúpula das Américas no Quebec, em abril de 2001, em uma entrevista para a Montreal Weekly, ele fez a seguinte observação:

Vamos deixar claro: vai pessoas muito violentas no Quebec entre 20 e 22 de abril. Eles são bem organizados e muito motivados. São os 34 chefes de Estado das Américas, que vão se encontrar atrás de uma muralha de quatro quilômetros de perímetro, protegida por milhares de policiais. Devemos atacar e nos opor à violência institucional (pobreza, genocídio de povos nativos, militarização, prisões, destruição do meio ambiente) promovida pela Área de Livre Comércio das Américas e pela Cúpula das Américas, em vez de cair na armadilha de isolar e marginalizar certos grupos de protesto que praticam ações diretas.[259]

Um manifestante no G8 de Toronto em 2010 sintetiza a posição expressa em praticamente todos os comunicados dos black blockers desde muito tempo: "Isso não é violência. É vandalismo contra corporações violentas. Nós não machucamos ninguém. São elas, as corporações, que machucam as pessoas".[260] Um ativista italiano defende a seguinte postura ética rigorosa:

Também participei de manifestações pacíficas, achando que era a coisa certa a fazer. É importante dizer que a violência não é uma constante, muito menos um divertimento. Para nós, a violência, quando acontece, é por uma questão de necessidade. Não é, ao contrário do que algumas pessoas pensam, violência indiscriminada, mas sim uma violência com sentido. Você pode desaprovar nossa prática política, mas precisa ser idiota para não ver que usamos violência contra coisas materiais e detestamos violência contra pessoas. O uso de violência contra coisas materiais e a rejeição à violência contra as pessoas caracteriza a prática política dos Black Blocs de todo o mundo. Os objetos contra os quais nossa violência se direciona não são indiferenciados; são símbolos do poder.[261]

A respeito dos confrontos com a polícia, o *Manifeste du Carré noir* [Manifesto do Quadrado Negro] declara: "Acreditamos que um indivíduo com equipamento de proteção que ataca violentamente outros indivíduos simplesmente porque recebeu essa ordem, renuncia por um momento à sua própria imunidade à violência".[262]

Naturalmente, muitas pessoas na esquerda e até mesmo na extrema-esquerda discordarão desses comentários sobre violência. Por exemplo, ao discutir a legitimidade dos Black Blocs, Chris Hedges — que, como comentado anteriormente, os compara com um "câncer" — afirmou: "Classifico como violência a destruição de propriedade e o vandalismo, os insultos contra a polícia e os confrontos com a polícia. São atos muito claros de violência".[263] No entanto, a violência dos manifestantes, insignificante quando comparada a outras formas de violência, tem um sentido sobretudo simbólico. Segundo Maxim Fortin:

Os anarquistas dos Black Blocs costumam justificar a destruição de propriedade com o argumento de que ela ataca a legitimidade dos estimados símbolos do consumismo, causa perdas monetárias para as empresas alvejadas, restaura o valor de uso das coisas ao

negar seu valor comercial — me refiro aqui aos casos de saque —,
é a expressão de uma raiva popular crescente e demonstra o cará-
ter não reformista, radical e revolucionário de alguns movimentos
militantes.[264]

O filósofo suíço Nicolas Tavaglione afirma que, ao atacar propriedades públicas e privadas, os Black Blocs for-
çam as elites a admitir o que valorizam mais, os bens materiais ou a vida humana e a liberdade: "O protesto nos
coloca diante de uma escolha social tão velha quanto a Europa: liberdade ou segurança. Por levantarem essa questão, os Black Blocs são os melhores filósofos políticos da
atualidade".[265] Além disso, aqueles que destroem bens de
consumo veem a experiência como libertadora e, portanto,
com um sentido intrínseco. Étienne, por exemplo, acha importante fazer uma distinção: "Em geral, eu não 'roubo'.
Quebro, destruo — é mais gratificante".[266] Barrette escreve
que o saque, em vez da simples destruição, permite o surgimento de uma "sociedade de abundância que dura por
alguns instantes" na qual é possível sentir a distribuição e
a alegria de pertencer a uma comunidade solidária.[267] Algo
que é muito mais restaurador e satisfatório do que a con-
sumoterapia.

POLÍTICA

O anarquismo considera o Estado liberal, assim como
os políticos e os policiais envolvidos nas grandes cúpulas
econômicas, tão ilegítimo quanto o sistema capitalista em
si. Ilegítimo porque o Estado liberal e a autoridade dos políticos são fundadas na ilusão de que a vontade política das
pessoas pode ser representada, especialmente se tiverem
o direito de eleger seus líderes. As eleições não são nem
um pouco democráticas, visto que não possibilitam que as

pessoas governem, mas apenas escolham os chefes que governarão em seu nome. Assim, os anarquistas podem ser relacionados a uma passagem de *Do contrato social* em que Jean-Jacques Rousseau discute as eleições na Inglaterra: "O povo inglês acredita ser livre e muito se engana. Ele é livre apenas durante a eleição dos Membros do Parlamento. Assim que os membros são eleitos, o povo é escravizado; não é nada. Nos breves momentos de liberdade, o povo inglês faz um uso tal da liberdade que merece perdê-la".[268] Para os anarquistas, sempre que um indivíduo ou grupo de indivíduos, como um partido político, é escolhido para representar a vontade e os interesses de uma comunidade toda, a situação inevitavelmente evolui para a vantagem dos representantes em vez do benefício da comunidade representada. O simples fato de ocupar uma posição de autoridade significa que os políticos eleitos têm interesses pessoais que não coincidem com os da população que dizem representar. Além disso, a experiência mostra que as elites políticas estão quase sempre ligadas, quando não pertencem, a elites econômicas e militares. A soberania popular é, portanto, uma ficção inocente na melhor das hipóteses e, na pior, uma mentira internacional que justifica, com um discurso dissimulado, o poder de uma aristocracia eleita que se diz democrática.

A teórica e ativista anarquista Voltairine de Cleyre, autora de *Direct Action* (1912), destacou a importância da autonomia individual quando diferenciou ação direta de ação indireta. A ação política é "direta" quando as pessoas agem por si próprias na arena política, sem obedecerem a um líder ou serem representadas por alguém que fale ou aja em seu nome. A ação política "indireta" envolve votar em pessoas que buscam cargos para poderem, em tese, agir em nome do bem e para o bem de seu eleitorado. Os eleitores agem de maneira meramente indireta no cenário político, exceto quando votam para a pessoa que tomará decisões e conduzirá ações em seu nome. Na visão de De Cleyre, a ação indireta "destrói a iniciativa, extingue o espírito rebelde individual, ensina as pessoas a dependerem de outra para fazer por elas o que elas deveriam fazer por si mesmas".[269]

Em todo caso, a elite econômica e a elite política têm a mesma visão de mundo. Durante a crise financeira que começou em 2008, Estados retiraram centenas de bilhões de dólares dos cofres públicos (portanto, do bolso dos contribuintes) para manter em atividade os mesmos bancos que, com suas operações especulativas, haviam criado a crise. Enquanto isso, instituições internacionais exigiram que os governos de Estados falidos (como Grécia e Espanha) instaurassem políticas de austeridade. Para as populações afetadas, isso representou redução de serviços públicos, salários menores, desemprego e, em consequência, despejos e execuções de hipoteca. Portanto, não surpreende que, nos últimos anos, tenham surgido Black Blocs em países desestabilizados pela grave crise econômica e financeira, bem como pelas medidas de austeridade impostas pela elite política.

Qualquer que seja o discurso igualitário, o Estado liberal continua organizado segundo linhas autoritárias e hierárquicas. As grandes cúpulas econômicas são um exemplo perfeito disso, bem como da ilegitimidade da violência do Estado: um grupo exclusivo de políticos discute o destino do planeta a portas fechadas, protegidos por milhares de policiais fortemente armados que afastam os cidadãos à força. Fica claro o caráter nada democrático do processo de tomada de decisões políticas que afetam a todos. Uma ação direta pode acabar resultando em confronto com a polícia,

Black Bloc em um protesto antiausteridade em frente ao parlamento grego, Atenas, 3 de outubro de 2012. (Anton Yakumin.)

mas, pelo menos, possibilita que algumas pessoas escapem, pela breve duração de um protesto, da posição perpétua de dominação. Didier, da França, disse o seguinte sobre um protesto político de que participou: "Foi a primeira vez que o poder não estava acima de mim. Ele estava ali, na minha frente".[270]

Inúmeras vezes, os black blockers dão destaque à distinção entre a dinâmica violenta e ilegítima do Estado e o que está em jogo nas ações deles. Katy, que participou de diversos protestos políticos, afirmou que "violência [...] é o cassetete da polícia, o trabalho forçado, a fome, a guerra

— isso é violência, e não é isso que quero usar".[271] Um homem que entrou no Black Bloc de Quebec declarou: "Eu sou um pacifista, um ativista não violento, ou seja, sonho com um mundo sem violência". Em seguida, acrescentou: "Mas vivemos hoje em um mundo violento e não pacifista, então acho legítimo fazer uso da força para não deixar que o Estado tenha o monopólio da violência e também porque a desobediência civil pacifista só resulta em uma relação de poder de vitimização, já que você deixa que a polícia ataque, prenda e fiche você". Na sequência, faz a conclusão surpreendente de que, se "o Estado não tem escolha senão usar a violência, então ele não nos dá escolha senão usar de violência contra ele. É o Estado, por ser como é, que cria os Black Blocs".[272]

O filósofo Nicolas Tavaglione sugere que devemos levar a sério:

a hipótese generalizada de que os Black Blocs são anarquistas. Eles desconfiam do Estado e de todas as formas de protesto que envolvem a colaboração com as forças de ordem. Mais fundamentalmente, podem aderir a um anarquismo ético: qualquer forma de poder é humilhante por ser incompatível com a dignidade de quem é sujeito a ela, e não existe nenhuma obrigação moral de obedecer o governo. Ou a um anarquismo político: todo governo não só é predador, mas, além disso, o Estado burocrático moderno é uma entidade castradora. Ou até mesmo a um anarquismo social: a propriedade, garantida por um Estado ladrão, é uma forma de roubo; o mercado de trabalho, onde preciso me vender, é uma forma de estupro.[273]

Para os homens e mulheres que nelas se envolvem, as lutas que surgem durante grandes manifestações são microrrevoluções pelas quais é possível, sob o risco de ferimento corporal, liberar o espaço (a rua) e o tempo (algumas horas) necessárias para uma experiência política breve, mas potente, fora das normas estabelecidas pelo Estado e pelos líderes de grandes organizações políticas. As ações diretas também permitem que os Black Blocs e seus aliados demonstrem sua discordância e participem da velha tradição do direito e do dever de resistir à autoridade ilegítima.[274]

Críticas aos Black Blocs: fogo amigo?

A tática dos Black Blocs tem muitas vantagens, mas também é prejudicada por alguns defeitos significativos. Por isso, vale a pena considerar algumas das críticas aparentemente bem-intencionadas da esquerda e da extrema-esquerda. Os Black Blocs são acusados especificamente de fetichizar a violência; praticar uma forma de ação sexista que favorece os homens e exclui as mulheres; e, por último, antagonizar a classe trabalhadora e tirar a atenção das exigências legítimas de grandes movimentos sociais não violentos.

FETICHISMO

O "fetichismo" se refere à noção de que o uso da força é uma forma "pura" de ativismo radical, politicamente superior às outras. Os Black Blocs são ameaçados internamente pela tendência dos círculos da extrema-esquerda de desenvolver um núcleo "radical" em que os indivíduos podem entrar — como se fosse uma aura de "pureza" — por "servirem em batalha". Esse processo lembra, em alguns aspectos, uma iniciação religiosa: uma pessoa se esforça para mostrar e provar uma identidade política cuja pureza depende de atos ritualísticos prescritos, como confrontos de alta visibilidade com a polícia, os quais são valorizados em si, sem consideração a seu impacto político.

A ação direta violenta se torna um meio para que o futuro militante afirme sua identidade política aos olhos de outros militantes. Isso faz com que seja muito tentador para essa pessoa desprezar e excluir quem não iguala radicalismo à violência.[275] Dessa forma, os anarquistas não se comportam de maneira diferente dos seguidores de outras ideologias: eles se valem de princípios grandiosos — liberdade, igualdade, justiça e assim por diante — para racionalizar sua sede por violência, prestígio e poder. Tanto é que anarquistas já exploraram os mesmos argumentos que políticos liberais ou representantes das forças armadas que alegam estarem travando uma guerra em nome da "liberdade" e da "paz".

Muitos anarquistas sabem dos perigos de fetichizar a violência e destacam a importância de não igualá-la ao radicalismo. Um participante dos Black Blocs quebequenses afirma: "Não tenho paciência para o pacifismo dogmático, mas também existe uma violência dogmática que vê a violência como o único meio possível para travar a luta".[276] Outro black blocker acrescenta que é um erro acreditar que "a manifestação é o melhor lance político ou que protestar necessariamente significa que você é radical".[277]

Essa perspectiva apresentada por pessoas da América do Norte, é compartilhada por ativistas franceses, como Didier, que aponta que uma manifestação não é um objetivo em si, tampouco é a única prática política viável: "O que eu faço é diferente! O engajamento político só pela 'brisa' e pelo prazer não vale nada".[278] Por fim, Sofiane, que recorreu à força em manifestações, comenta: "Não defendemos a violência; ela não é um ponto programático [...] Porque é muito fácil começar a gostar da violência, você se acostuma com ela [...] Mas, quando se trata da luta militante cotidiana, daí são poucas as pessoas que aparecem".[279]

Um membro da Confédération Nationale du Travail [CNT: Confederação Nacional do Trabalho] — uma central sindical revolucionária francesa, de tendência anarquista —, que foi para Gênova com um grupo de 15 ativistas jovens, falou da questão nos seguintes termos: "O objetivo era mergulhar [os jovens ativistas] em uma situação realmente tensa, na qual eles teriam de lidar com a adrenalina e entender como aquilo funcionava. Para os militantes que se dizem revolucionários, esse tipo de situação é importante [...] E, também, sentir que você mostrou 'ímpeto' é importante".[280] Nesse caso, a violência representa um papel na construção simultânea de duas identidades: uma identidade anarquista, associada à ética da luta violenta, e a identidade do guerreiro, ligada a uma ética masculina em que um homem precisa aprender a controlar sua adrenalina e lutar com honra.

No entanto, essa atitude pode levar rapidamente à desilusão. Uma década depois de participar de diversos Black Blocs, incluindo o de Gênova em 2001, um ativista veterano tira a seguinte conclusão:

O Black Bloc em Gênova foi patético, porque foi facilmente destruído por uns cinquenta policiais. Ele se dividiu em dois grupos: um saiu correndo e atacou uma prisão e um supermercado, o outro acabou voltando atrás com o Tute Bianche. Eu estava no segundo grupo. A gente trocou de roupa rápido, tirando o preto e vestindo camisetas do Greens, por exemplo, e começou a quebrar janelas, com alguns membros do Tute Bianche atrás. Militarmente, os Black Blocs de hoje são patéticos porque não conseguem ocupar as ruas diante da polícia. Por isso, foi um fenômeno marginal, quase insignificante.[281]

A fetichização do Black Bloc também explica o incômodo que muitos *Autonomen* de Berlim sentem em relação a "turistas de ativismo" que aparecem todo Primeiro de Maio, sem ligações com a rede militante local, querendo apenas participar de um "grande" Black Bloc e de um "bom" protesto, sem pensar no significado de sua ação para a comunidade.

Uma consequência relacionada foi o surgimento de um fenômeno de "espectadores de Black Bloc", mais especificamente, manifestantes vestidos de preto que entram no Black Bloc, mas saem aos primeiros sinais de confusão. Os black blockers que não abandonam as fileiras são, então, pegos de surpresa. Como registram em um comunicado virtual: "É óbvio que as pessoas com medo de altura não devem entrar em um grupo de afinidade que pendura faixas do alto de prédios. Seguindo a mesma lógica, se alguém não está preparado para assumir, se necessário, ao menos uma das funções que os membros de um Black Bloc esperam que seja cumprida, provavelmente não é uma boa ideia participar".[282]

Denúncias contra os Black Blocs também se referiram a pessoas que "pulam" de uma cúpula à outra. Em geral, considera-se que esse tipo de turismo militante não gera uma perspectiva revolucionária, mas sim reações puramente simbólicas às manifestações de poder representadas pelas cúpulas.[283] O pior é que os tumultos nesses eventos se tornaram ritualísticos, de modo que as duas partes — o Black Bloc e a polícia — repetem os mesmos papéis em palcos que variam pouco de uma cúpula para a outra. Isso incomoda o ativista e escritor anarquista Randall Amster[284] e o filósofo político John Holloway.[285] David Tough[286] e Naggh, por sua vez, condenam rigidamente "o tumulto local [...] que vem de mãos dadas com a ideologia da 'alter-globalização' ":

Lá, vemos ativistas violentos movendo-se de um lado para o outro e lutando em cidades onde são vistos como invasores e estranhos, e onde, apesar de duas ou três tentativas anuais, nunca conseguem incitar os pobres locais, que não gostam de protestos charlatões com os quais não compactuam. O turismo de protestos, facilmente planejado e encenado para o inimigo, tem a vantagem de dar vazão a frustrações [...] e apresentar uma imagem do protesto feita sob medida, isto é, desinteressante, triste, sinistra e sem futuro. Afinal, essas disputas, em cidades completamente dominadas pela polícia, não são do tipo cujos resultados nos deixa em suspense.[287]

Esse discurso, que percorre toda a tradição anarquista, consiste em denunciar tudo que não maximizaria o potencial revolucionário de uma situação. É uma atitude encontrada inclusive nos Black Blocs. Apesar de muitos entre eles acreditarem que uma manifestação violenta abre perspectivas revolucionárias, a maior parte dos black blockers segue, felizmente, visões mais realistas. O autor anônimo do prefácio de *Black Bloc Papers* afirma nos seguintes termos: "Não estou dizendo que o bloco vai acabar com os problemas do mundo. Mas tenho certeza de que é saudável confrontar fisicamente autoridades que sustentam fisicamente um sistema podre e lembrar o resto da população de que dá para fazer essas coisas".[288]

Em suma, muitos ativistas que aplicam essa tática estão plenamente cientes de suas limitações. Eles não acreditam que a grande revolta acontecerá quando virarem a esquina[289] e podem até admitir momentos de pessimismo em relação à possibilidade de revolução global.[290] Uma quebequense que participou de diversos Black Blocs lamenta: "Estamos em uma época em que não existe possibilidade de revolução". Em seguida, acrescenta: "Fazemos o possível para radicalizar o debate e tocar as pessoas para que possa surgir uma politização mais radical".[291] Um morador de Estrasburgo, na França, com muitas manifestações na bagagem e nenhuma ilusão sobre a grande revolta, afirma: "Sou um 'insurgente' em busca de uma 'insurreição', para usar a frase do movimento dos desempregados. Isso significa conduzir atos contra a expulsão de um refugiado ou ajudar uma família cuja eletricidade foi cortada; reagir com indignação à morte de um manifestante, à repressão de todo um povo".[292]

De fato, existem muitos anarquistas — black blockers ou não — cujo objetivo principal não é fazer a revolução acontecer, mas convencer o maior número possível de pessoas da importância do anarquismo ou fortalecer o movimento anarquista; ou, ainda, ajudar as pessoas a controlar suas vidas, desenvolver uma noção de solidariedade comunitária, mobilizar para resistir a diversos sistemas de dominação e trabalhar para melhorar as condições de vida de grupos desprivilegiados, aqui e agora.[293]

SEXISMO

"Estamos aqui! Somos *queer*! Somos anarquistas! Vamos acabar com vocês!",[294] entoava o Black Bloc durante a Cúpula do G20 em Pittsburgh, em 2009, sugerindo que o manifesto visual dos Black Blocs possibilita mascarar identidades de gênero e apagar as diferenças sexuais. "Não se pode ter gênero em um protesto", afirma A K Thompson, autor de *Black Bloc White Riot*.[295] Até porque, ao observar uma manifestação ou protesto violento, seja pessoalmente ou em vídeos, como é possível discernir o sexo de um black blocker que atira uma pedra? Ecoando as palavras de Mary Black,[296] integrante do Black Bloc de Gênova em 2001, Krystalline Kraus, em 2002, escreveu sobre a experiência no Canadá:

Juntar-se para formar um Black Bloc é um equalizador. Como todo mundo parecendo igual — todos com o cabelo amarrado, os rostos cobertos por máscaras —, não sou nada mais nem nada menos do que uma entidade que se move como um todo. Todos são capazes disso. A política de "meninas bonitas não atiram pedras" é suspensa, e fico livre para agir fora das regras tradicionais de "servir chá, não coquetel Molotov". É quando as máscaras caem que começam os problemas [...] Claro, as mulheres estão ganhando terreno popular no movimento, mas alguns assuntos ainda são tabu para nós. E, com o machismo dominando as ruas, ainda mais durante um protesto, o que as mulheres têm a dizer acaba se perdendo em meio à fumaça do gás lacrimogênio.[297]

Muitos críticos aos Black Blocs argumentaram que esse tipo de ação brutal tem um quê de atmosfera de masculinidade que não estimula as mulheres a participar.[298] Outros sugerem que expressões de raiva por meio da destruição simplesmente confirmam e ampliam a masculinidade agressiva.[299] Dirigindo-se a mulheres e homens em redes militantes, algumas feministas denunciaram a monopolização que os homens fizeram dos Black Blocs e estimularam as mulheres a participar. Por exemplo, para articular seu desejo de inclusão e diversidade nesse tipo de ação coletiva, Tute Nere, um grupo de feministas revolucionárias italianas, criou o lema "Black Bloc — não só para o seu namorado!".

Portanto, a questão das mulheres nos Black Blocs é complexa, especialmente se considerada em termos de identidades sexuais e de gênero. Na Alemanha, as mulheres pertencentes a comunidades *queers* costumam relutar a participar de Black Blocs, que consideram a encarnação de um ativismo de estilo machista; as mulheres das redes antifascistas participam em números maiores. Parece haver um paradoxo agindo aqui, considerando que o movimento *queer* busca, em princípio, desconstruir as identidades sexuais e de gênero tradicionais. Seria possível esperar que as mulheres *queer* se interessassem por uma prática militante normalmente identificada como masculina; no entanto, elas são mais reticentes quanto a participar de Black Blocs. Por outro lado, militantes mulheres antifascistas, que, ao contrário das *queer*, em geral não propõem abalar a ordem das identidades de gênero, costumam participar mais de Black Blocs. Talvez por atuarem em um ambiente ativista de estilo mais másculo, envolver-se nesse tipo de ação — sejam elas heterossexuais, bissexuais ou lésbicas — tem a vantagem de trazer o reconhecimento de seus companheiros homens.[300]

Enquanto isso, *Women in the Black Bloc*, um comunicado do Black Women Movement (BWM), dos Estados Unidos, critica ativistas que consideram as mulheres fundamentalmente passivas, e exige que se reconheça que é possível para as mulheres usar força política: "Cabe a nós lembrar àqueles que duvidam de nossa capacidade e da nossa força que somos igualmente capazes. Podemos ser frágeis, assim como os homens; podemos quebrar uma janela, assim como os homens; podemos chorar, assim como os homens; podemos lançar um tijolo, assim como os homens".[301] Deve-se lembrar que, historicamente, muitas mulheres participaram de protestos contra um sistema político ou econômico, ou para exigir direitos, e que grupos feministas como o Wimmin's Fire Brigade, de Vancouver, e o Rote Zora, da Alemanha, bombardearam estabelecimentos de comércio sexual para expressar sua oposição à exploração econômica e sexual de mulheres.[302]

Uma declaração de um pequeno grupo de ativistas em Boston pediu a seus leitores que "apoiassem a ação direta e o Black Bloc como tática de fortalecimento", ao mesmo tempo em que denunciava a "manarchy", ou seja, "o comportamento agressivo e competitivo que é assustadoramente próximo dos papéis de gênero masculinos historicamente opressivos". Dois dos autores da declaração relataram que, numa reunião para planejar um Black Bloc de um protesto que se aproximava, "um homem declarou: 'Se vocês não estão dispostos a apanhar [na cabeça com um cassetete] e não estão dispostos a ir para a cadeia, não marchem com o Black Bloc' ". Mas a declaração dos autores continua:

Também entendemos que pessoas em diferentes situações têm diferentes necessidades. Em outras palavras, nem todo mundo pode ou quer apanhar e ser preso por um ato que pode ou não ser considerado taticamente útil [...] Por exemplo, como quatro estudantes universitários brancos, é muito fácil para nós sermos militantes em ações desse tipo. Além de termos fácil acesso a advogados, os policiais e tribunais nos tratam melhor do que classes de pessoas tradicionalmente vitimadas. É muito mais difícil para negros, latinos, desfavorecidos economicamente e pessoas incapazes fisicamente de confrontos físicos intensos assumir essa posição [...] Não somos soldados. Não somos heróis. Somos anarquistas, construindo um espaço de fortalecimento, aceitação, inclusão, acessibilidade e comunicação voltado para a comunidade.[303]

Contudo, ativistas homens da extrema-esquerda, sejam eles anarquistas, comunistas ou ambientalistas, fizeram pouco, além de declarar meia-dúzia de palavras bonitas, para abandonar seus privilégios como membros da classe masculina dominante, mesmo dentro dos Black Blocs. Apesar da adesão declarada dos anarquistas a princípios de liberdade e igualdade, os Black Blocs são conhe-

cidos por reproduzir uma divisão sexual de tarefas. Uma mulher que participou de diversos Black Blocs durante a greve estudantil do Quebec de 2012 notou que as mulheres faziam as compras, por exemplo, quando era necessário tecido para fazer bandeiras e cartazes.[304] Mais de uma década antes, durante uma reunião para preparar um Black Bloc em Montreal, os homens acabaram no quintal de um prédio praticando técnicas de estilingue enquanto as mulheres ficavam na cozinha fazendo coquetéis Molotov.[305]

Uma mulher que participou de diversos Black Blocs lamentou o fato de que, "dentro de um movimento anarquista, há prestígio ligado a estar na linha de frente, participando do confronto, quebrando vitrines. Acho isso triste porque existem muitas outras pessoas fazendo um monte de outras coisas igualmente importantes".[306] A participação dela nos Black Blocs envolveu missões de reconhecimento e vigilância. Ela comentou que se atribui menos valor a esse trabalho do que a confrontos diretos com a polícia.

Ao que tudo indica, a participação das mulheres em ações dos Black Blocs é maior durante o trabalho organizacional prévio a eles do que durante os confrontos em si. Isso, porém, depende da rede ativista em particular. Sem dúvida, existem Black Blocs pequenos em que as mulheres estão completamente ausentes, e também outros em que chegam a representar metade do contingente,[307] havendo,

Foto da página anterior: Em 1989, a escritora feminista Ingrid Strobl foi presa por apoiar as Células Revolucionárias e o Rote Zora. Em fevereiro do mesmo ano, uma manifestação em solidariedade em Essen, Alemanha, foi atacada pela polícia. (Ross Domoney — aletheiaphotos.com)

inclusive, grupos de afinidade em Black Blocs compostos majoritária ou exclusivamente por mulheres.[308]

A situação varia com o contexto e o evento específico. Em 2000, uma ativista que havia participado de um Black Bloc em Washington, D C., durante uma passeata contra o FMI e o Banco Mundial estimou que metade de seus membros eram mulheres e que o bloco não era homogêneo do ponto de vista étnico. Ela concluiu que "o Black Bloc pode ter sido mais diverso do que a mobilização como um todo".[309]

Vittorio Sergi, ativista italiano que participou na coordenação europeia de mobilizações contra a Cúpula do G8 de 2007, em Rostock, observa que existem mais mulheres nos Black Blocs da Alemanha do que nos da Itália.[310] No Canadá, havia menos mulheres nos Black Blocs do início dos anos 2000, mas muito mais em torno de 2010, durante os protestos contra os Jogos Olímpicos em Vancouver e contra o G20 em Toronto, onde — vale apontar — elas não se restringiram à logística, ao apoio e aos primeiros socorros. Durante a greve estudantil no Quebec, em 2012, black blockers mulheres foram muito mais rápidas do que os homens para pichar muros e quebrar janelas de bancos e centros de recrutamento militar.

Não existe uma explicação simples para o lugar das mulheres nos Black Blocs, mas vale a pena considerar algumas hipóteses, apesar de seus defeitos. Aparentemente, o número de black blockers mulheres é mais alto em lugares onde o feminismo — especialmente o radical — é mais forte, como na Alemanha e no Quebec, do que na França ou na Itália, por exemplo. Em Montreal, as redes anarquistas incluem uma proporção muito alta de mulheres; entre os visitantes do Salon du Livre Anarchiste de 2012, por exemplo, as mulheres representaram cerca de 60%.

Durante o protesto contra o G20 de 2010 em Toronto, black blockers quebraram as janelas de uma loja da American Apparel e chegaram a jogar fezes nos manequins. Como uma black blocker explicou sobre as mulheres nos Black Blocs: "É óbvio que elas são mais sensíveis a alvos associados ao patriarcado, como vitrines de lojas exibindo propagandas sexistas. (Andy K Bond)

Contudo, uma mulher que participou de diversos Black Blocs no decorrer do longo conflito social no Quebec vê os Black Blocs como "um clube do Bolinha". As mulheres foram admitidas a princípio por causa de "um relacionamento com um homem, seja um namorado ou um caso". Ela comenta, porém, que um grande número de mulheres participou dos Black Blocs no fim da greve estudantil e estima que 80% delas estavam em grupos de afinidades exclusivamente femininos. A seu ver, as ações das mulheres "são mais cuidadosas, mais bem-sucedidas"; além disso, sua "relação com o alvo é mais pensada" de modo que elas às vezes reconhecem que a escolha mais sensata é "esquecer um alvo em particular". Ela acrescenta: "Muitas mulheres ouvem o chamado do tijolo, mas não a qualquer hora, de qualquer maneira". Obviamente, elas são mais sensíveis a alvos ligados ao patriarcado, como vitrines de lojas exibindo propagandas sexistas. Por fim, as mulheres "são mais atentas do que os outros membros do grupo" e "não deixam ninguém para trás quando as pessoas se dispersam e correm".[311]

Esse depoimento é reforçado pelo de outra mulher que participou de vários Black Blocs durante a greve estudantil do Quebec, ainda que em outra rede. Ela se identifica como anarquista e *queer*, e não feminista. Segundo ela, as mulheres representaram de 60 a 70% dos membros do Black Bloc durante o conflito. Além disso, ela preferia planejar e conduzir ações apenas com mulheres porque "os planos são menos formais, menos controlados":

Conversamos mais e normalmente deixamos mais espaço para viver o momento. Existem menos preconceitos sobre o que queremos conseguir e mais discussão sobre como agir. Ficamos juntas e existe muito mais comunicação quando as decisões estão sendo tomadas nas ruas. Os homens são mais individualistas. Não se sentem obrigados a voltar ao grupo e saem sem avisar. Eles pensam: "minha prioridade sou eu!". Eu os chamo de "lobos solitários", enquanto as mulheres formam matilhas.[312]

Assim, os Black Blocs podem ser um espaço em que nem sempre há uma distinção clara entre masculino e feminino (qualquer que seja o sentido desses termos) ou entre o que é "eficaz" e o que não é. Nessa ação coletiva, portanto,

Black Bloc exclusivamente feminino durante a manifestação de Primeiro de Maio em Montreal. (David Champagne — davidchampagne.ca)

é possível desafiar as identidades sexuais convencionais e demonstrar que não há, necessariamente, uma contradição entre lutar e cooperar, ou cuidar e agir com violência.

Contudo, outras black blockers também expressam inquietações, como é o caso da autora da carta anônima "Après avoir tout brûle" [Depois de ter queimado tudo], que participou de diversos Black Blocs na Europa, incluindo o de Estrasburgo contra a Cúpula da Otan, em 2009. Ela reclamou das "richas estúpidas masculinas" entre ativistas homens que tentavam "impor a hierarquia do dia": "Como uma mulher no nosso meio, me esforcei muito para ganhar minhas honras, para falar a coisa certa, para mostrar minha coragem para os outros e para mim mesma participando regularmente das lutas [...] a violência, quem quer que a use, tem consequência para a 'saúde' emocional [...] Não simpatizo com o pacifismo como ideologia. Mas precisamos ajudar uns ao outros a lutar com determinação a longo prazo e nos manter saudáveis individual e coletivamente".[313]

Além disso, o ativismo das mulheres não impede a misoginia e o comportamento sexista, incluindo o assédio e as agressões sexuais. Lamentavelmente, ambos ocorreram em redes radicais e anarquistas durante a greve estudantil do Quebec de 2012. O anonimato proporcionado pela roupa preta possibilitou que um homem que havia agredido sexualmente ativistas mulheres se misturasse no protesto até que alguns de seus ex-companheiros o reconheceram por trás da máscara e o expulsaram aos chutes da multidão. Incidentes parecidos haviam ocorrido durante a Cúpula da UE de 2003, quando os anarquistas ocuparam a Universidade Aristóteles em Tessalônica,[314] e durante as mobilizações em Seattle e no Quebec em 1999 e 2001, respectivamente.[315]

Os anarquistas costumam ser rápidos em denunciar a brutalidade policial e a violência contra ativistas ou cidadãos comuns, ou de neonazistas que atacam negros e latinos, porém, parecem hesitar muito mais quando militantes mulheres são abusadas por ativistas homens. Ao se referir especificamente à tática Black Bloc, T-Bone Kneegrabber comenta:

É fácil juntar 500 anarquistas de preto para quebrar tudo numa fraternidade estudantil onde moram estupradores, mas basta alguém apontar um dedo para um homem "progressista" e de repente rola o mesmo processo: de repente ela [a sobrevivente] está sendo divi-sora [...] Nós, como "anarquistas", cobramos da sociedade em que não acreditamos um padrão mais alto do que dos nossos amigos! [...] Só porque um cara se identifica como radical, isso não faz dele um anjo.[316]

Em 2013, no Egito, a maioria dos participantes do Black Bloc parecia ser formada por homens, embora houvesse algumas mulheres que pudessem estar envolvidas diretamente. Nas palavras de um observador, "quando mulheres foram brutalmente atacadas [por 'esquadrões de estupro' apoiados pelo Estado] na Praça Tahrir [...] longe da proteção de grupos como o Operação Antiassédio Sexual, ativistas do Black Bloc apareceram literalmente do nada para enfrentar os grupos de estupradores armados e proteger as mulheres e outros ativistas".[317]

POSTURAS CRÍTICAS

Segundo muitos ativistas em movimentos progressistas, incluindo os movimentos antiausteridade, Occupy e alterglobalização, o maior problema da tática Black Bloc é que ela impede que o público e as elites ouçam as mensagens legítimas de organizações progressistas. Os próprios policiais usam esse argumento para minar a legitimidade dos Black Blocs, como mostrado na declaração do chefe da polícia de Toronto William Blair, citado aqui de uma revisão judicial conduzida pelo Serviço da Polícia de Toronto após a Cúpula do G20 de 2010: "No mês de junho, vimos níveis de violência que nunca havíamos visto antes em Toronto. As pessoas vinham para a Cúpula do G20 não para participar de debates ou manifestações, mas para se infiltrar em protestos pacíficos legítimos e usá-los como pretexto para praticar vandalismo e violência".[318] Essa perspectiva aparentemente pautada no senso comum também encontra expressão em cartas ao editor, como as relativas à greve estudantil no Quebec: "Os estudantes precisam acordar e entender que deixar que o Black Bloc e outros anarquistas ou vândalos mascarados se infiltrem nas suas fileiras não faz nada para promover sua causa".[319]

É muito comum jornalistas dos principais meios de comunicação pegarem e divulgarem esse tipo de censura. Durante a Cúpula do G20 em Toronto, por exemplo, um repórter do *Toronto Sun* escreveu que "manifestantes legítimos que agem dentro da lei e tentam fazer com que suas vozes sejam ouvidas de maneiras menos controversas podem achar que suas preocupações não serão ouvidas em meio ao caos". Em seguida, cita Ella Kokotsis, diretora de relações externas do grupo de pesquisa sobre o G8 e o G20 da Universidade de Toronto: "Quando esse tipo de coisa acontece, desvia a atenção de todo o mundo para as ruas e tira a atenção do que os líderes do G8 fazem".[320] O interessante é que outro artigo no mesmo jornal tinha o seguinte subtítulo: "Primeiro-ministro se vangloria do sucesso do G8, promete continuar com as reuniões, *mas pouco é decidido*"[321] (um resultado nada surpreendente, considerando que a chanceler alemã e o primeiro-ministro britânico passaram um tempo assistindo a uma partida de futebol da Copa do Mundo).[322]

Quase dez anos antes, um jornalista da *Agence France--Presse* (AFP) que cobria a Cúpula do G8 em Gênova havia citado o chanceler alemão Gerhard Schröder, dizendo que "deve-se reconhecer que, em razão de centenas ou até milhares de manifestantes violentos, a causa das pessoas preocupadas com as consequências da globalização que se manifestaram pacificamente *perdeu todo o crédito*".[323] O chanceler alemão não indicou como as ações dos líderes do G9 teriam sido diferentes se não houvesse protesto violento. Eles teriam levado a sério as preocupações dos manifestantes pacíficos? E por que alguns poucos black blockers têm o poder — quebrando algumas vitrines — de desviar a atenção dos líderes do G8 de questões importantes sobre a globalização?

Os jornalistas não hesitam em ampliar esse tema. "A antiglobalização não sobreviverá com credibilidade, a menos que rompa relações com esses vândalos infiltrados", escreveu um repórter da AFP em um artigo para o *El Mundo* de Madri.[324] Essa é uma ideia recorrente. Depois da manifestação de Primeiro de Maio de 2012 em Seattle, onde o Black Bloc quebrou algumas vitrines (da Wells Fargo, do Starbucks e do prédio do Tribunal Federal), um blogueiro da *Seattle Weekly* comentou: "Os discursos organizados sobre brutalidade policial, imigração, justiça social e capitalismo não foram ouvidos pelo público que via e lia as reportagens da mídia de ontem e hoje: a maior parte da cobertura era composta por notícias aprofundadas sobre vitrines quebradas"[325] (um ponto bem exemplificado, inclusive, por essa postagem). Algumas semanas depois, um repórter do *Los Angeles Times* concordou usando os mesmos termos, também sem discutir de maneira precisa as questões que as ações dos Black Blocs não deveriam ofuscar: "As palhaçadas deles roubaram a cena de milhares de manifestantes pacíficos que podiam ter coisas sérias a dizer sobre a divisão cada vez maior entre ricos e pobres".[326]

Editoriais, repórteres e colunistas vêm entoando o mesmo mantra há mais de dez anos. Em 2001, por exemplo, depois da Cúpula da UE em Gutenberg, Laurent Zecchini do *Le Monde* concluiu logo no início do texto que, "obviamente, o perigo é que o fato de se estar junto aos vândalos obscurece a mensagem de uma 'sociedade civil' cujas preocupações legítimas estão mergulhadas na fúria dos confrontos".[327] Existe uma ironia na postura assumida por profissionais da mídia como esses: eles poderiam muito bem escolher *não* cobrir a "violência", mas se concentrar nas "verdadeiras questões", caso elas realmente importassem para eles, em vez de censurar os "vândalos" por desviarem a atenção da mídia (inclusive a deles próprios).

Além disso, a mídia repete declarações dos porta-vozes de movimentos reformistas, como C Hutchinson, ativista do grupo britânico Drop the Debt [Anulem a Dívida], que opinou: "Não queremos que o movimento pare por causa da violência excessiva. Precisamos de manifestações pacíficas para podermos transmitir nossas mensagens".[328] É significativo que Fabien Lefrançois, do grupo francês Agir ici [Agir aqui], tenha admitido que a ação dura dos Black Blocs parecia ter produzido tanto impacto que ajudou os reformistas a "forçar que as negociações começassem, abrir debates e serem ouvidos". E também observou: "É verdade que as ações violentas dos Black Blocs ajudaram em *nossos* objetivos em alguns momentos [...] Mas podem *nos* fazer um desserviço a longo prazo".[329] Segundo o chefe da divisão francesa do Greenpeace, Bruno Rebelle, "*nosso* trabalho perde crédito por causa dessa violência".[330]

A mensagem da elite progressista é clara: o trabalho *deles* deve ser prioridade e é melhor que os radicais fiquem calmos, sigam as regras e se comportem. Susan George, vice-presidente da ATTAC-France, adotou o mesmo refrão: "Alguns idiotas incontroláveis nos fizeram passar por anticapitalistas simplórios e antieuropeus violentos".[331] Ao se referir à Cúpula da UE em Gutenberg em junho de 2001, ela lamentou as ações nas ruas que tiraram a atenção do público do debate televisionado envolvendo políticos europeus e sete representantes do movimento, incluindo ela própria.

O fato é que mesmo manifestações pacíficas são muitas vezes reduzidas a algumas poucas imagens anedóticas.[332] Sobre o movimento alterglobalização, por exemplo, jornalistas franceses usaram repetidas vezes a expressão "bon enfant" (amigável) para descrever as manifestações pacíficas, salientando os aspectos inócuos desses eventos.[333] Em uma reportagem do noticiário da RF1 de Gênova, em 18 de julho de 2001, a atmosfera da sede dos manifestantes foi descrita como "amistosa"; na reportagem seguinte, o termo "tecnodesfile" foi usado para descrever a primeira manifestação na cidade, um evento sem violência.

Em dezembro de 2000, um jornalista do jornal parisiense *Libération* se referiu às ações pacíficas conduzidas em Nice, onde a Cúpula da UE estava acontecendo, como "folclore antiglobalização": "Os espanhóis trouxeram seus tambores, os catalães seus pífanos, e os galeses suas gaitas de fole". Era um "acontecimento festivo" durante o qual dezenas de ativistas pularam na Baie des Anges. Um "tubarão financeiro" de 9 metros de comprimento que viajaria de Marselha para assustar os banhistas nunca chegou. O artigo continua: " 'Ele desinflacionou', brincou um dos banhistas". Com os subtítulos "Gaita de foles" e "Tubarão desinflacionado", o artigo não fez qualquer referência política.[334] São raras as vezes em que o significado político de manifestações, violentas ou não, são levadas a sério pelos principais meios de comunicação.

A verdade é que os meios de comunicação em massa adoram cobrir o espetáculo proporcionado por "baderneiros" e, em geral, dão mais prioridade a uma manifestação "violenta" do que a uma passeata calma e "amigável". Posso atestar isso pessoalmente, tendo atuado diversas vezes como analista convidado para a RDI, rede jornalística de TV 24 horas em francês da Radio-Canada, durante a cobertura das manifestações alterglobalização. Durante as reuniões de produção, as decisões sobre o posicionamento das câmeras e dos veículos eram tomadas com frequência em razão do potencial de "vandalismo". Assim, desenvolveu-se uma correlação entre a cobertura da mídia das manifestações alterglobalização e as ações diretas dos Black Blocs. Para exemplificar, as passeatas realizadas em novembro de 2001 contra o FMI, o Banco Mundial e a Cúpula do G20 em Ottawa e, depois, em janeiro e fevereiro de 2002 contra o Fórum Econômico Mundial em Nova York foram chamadas de "não eventos" por membros das equipes de que participei, exatamente por não terem gerado confusão suficiente para satisfazer determinado público. Seis meses depois, na ausência de qualquer violência apesar da participação de um Black Bloc pequeno, a Cúpula do G8 em Calgary apresentou o mesmo problema para a sociedade do espetáculo.

A mídia quer capturar cenas de violência, que são altamente lucrativas para ela.[335] Ela está muito atenta às manifestações alterglobalização desde Seattle exatamente *por causa* da presença dos Black Blocs; consequentemente, também está mais atenta aos discursos alterglobalização. Os participantes dos Black Blocs conhecem essa dinâmica muito bem e afirmaram diversas vezes que suas ações atraem a atenção da mídia para mobilizações e os protestos; que elas "geram discussões e debates, fazem as pessoas assumirem uma posição; se é contra ou a favor desse tipo de ação, para nós pouco importa, porque nós sabemos por que agimos assim".[336] Inclusive, a possibilidade de que os Black Blocs e seus aliados conduzirem ações espetaculares permitiu que o movimento como um todo fosse notícia por anos.

Fotógrafos brigam por uma foto mais de perto de uma viatura de polícia em chamas no protesto contra a Cúpula do G20 em Toronto, junho de 2010. (Andy K Bond.)

Acadêmicos que analisaram sistematicamente a relação entre mídia e manifestações violentas concordam que o uso da força ajuda a gerar cobertura significativa na mídia, ao menos no início (porque, quando as manifestações violentas se transformam em rotina, o interesse da mídia pode diminuir).[337] Esses acadêmicos não concordam, porém, quando se trata de determinar se o recurso à violência tem um efeito positivo ou negativo na cobertura da mídia.

A postura dos jornalistas dos principais meios de comunicação em relação à violência depende muito de quem a emprega. Eles costumam ser bem tolerantes quando a violência é usada pelas forças policiais locais, ou pela força militar do país ou de países aliados. Sua tolerância também é alta em relação a manifestantes "respeitáveis", como estudantes de países estrangeiros que manifestam contra um regime ditatorial, ou sindicalistas da classe média do país. Normalmente, porém, condenam a violência dos "outros" — policiais e militares de Estados inimigos, "jovens da periferia", black blockers. Essa condenação é expressa com rótulos pejorativos — "jovens extremistas", "irracionais", "bandidos" e assim por diante —sem quase nenhuma referência a suas motivações políticas.

OPOR-SE À OPINIÃO PÚBLICA E À CLASSE TRABALHADORA

Considerando-se o ambiente midiático, parece lógico esperar que o uso da força dos Black Blocs durante manifestações prejudica a imagem pública do movimento. Pelo lado bom, isso atrai a atenção das câmeras; porém, a cobertura subsequente da mídia nunca os retrata de maneira favorável. Ainda assim, isso implica um movimento homogêneo do qual o Black Bloc é excluído. Também implica que a "opinião pública" é uniforme. Chris Samuel analisou a tática Black Bloc em relação à Cúpula do G20 em Toronto; ele concluiu que "os esforços dos ativistas para impor uma nova definição de violência ou mesmo abrir a questão da violência para o público espectador" estavam condenados ao fracasso porque o Black Bloc não tinha poder "simbólico suficiente" "para impor uma nova definição" de violência a um "público neoliberal". O pressuposto aqui é que as centenas de ativistas que quebravam janelas no centro de Toronto estavam convencidas de que sua ação por si só teria o "poder de modificar ideias conscientes sobre a propriedade e sua relação com a exploração capitalista"; e, além disso, de que "o público" tem uma opinião única.[338]

Na verdade, porém, a sociedade civil e a opinião pública são heterogêneas. Como um membro do Black Bloc de Londres durante as manifestações "antiausteridade" afirmou, "Não estamos aqui tentando aterrorizar o público. Nós *somos* o público".[339] Quando perguntei a uma canadense veterana de Black Blocs "Como você responderia àqueles que dizem que os Black Blocs depreciam a imagem do movimento antiglobalização como um todo?", ela respondeu: "Imagem de quem? Acho que a suposição é que as pessoas não são inspiradas pela rebelião. E também que o público é branco e de classe média".[340]

Seria mais adequado falar de *sociedades civis* e *opiniões públicas*. Algumas opiniões públicas veem as ações dos Black Blocs e seus aliados com maus olhos. Mas há também pessoas que se acham mal representadas por organizações progressistas, as quais, segundo elas, prejudicam o movimento contra a globalização capitalista e obstruem a justiça social; essas pessoas olham as ações dos Black Blocs com bons olhos e os consideram como importantes politicamente. Claro, essa análise da opinião pública não é a mesma de detratores dos Black Blocs como Mario Roy, editorialista do *La Presse*, de Montreal. No fim de julho de 2003, depois das manifestações contra a OMC em Montreal, ele escreveu o seguinte ataque redutor: "O vandalismo [...] é absolutamente estúpido e considerado assim por *toda* a população".[341] Generalizações abrangentes como essa ignoram a existência de redes de mídia independentes — estações de rádio e publicações impressas e virtuais independentes — e as contraculturas punk e hip-hop, entre outras, que são repletas de debates sobre as ações dos Black Blocs diferentes dos que podem ser encontrados nos principais meios de comunicação.

Lynn Owens e L Kendall Palmer estudaram os efeitos consequentes da cobertura da mídia das ações do Black Bloc em Seattle e verificaram que ela aumentava o interesse do público pelo anarquismo. Eles identificaram uma dinâmica tripla: (1) os principais meios de comunicação davam grande destaque negativo aos Black Blocs, apresentando-os como a encarnação da anarquia, no sentido de caos e violência; (2) a atenção da mídia gerava um aumento significativo no número de visitas a sites anarquistas, incluindo os que apresentavam informações (como o news.infoshop.org) e os fóruns de discussão sobre Black Blocs; (3) os principais meios de comunicação mostravam, na sequência, maior interesse em outras facetas do anarquismo, como ligas de futebol e feiras de livro anarquista, entre outras — enquanto isso, matérias sobre os Black Blocs chegavam a incluir um ou dois textos (normalmente baseados em sites anarquistas) explicando seus motivos e seu pensamento político, ou tratando de temas variados.[342] Por exemplo, durante a greve estudantil no Quebec, depois de meses de manifestações com a presença constante de Black Blocs, a Feira do Livro Anarquista de Montreal, realizada em maio do mesmo ano, teve um aumento considerável de visitantes, curiosos para aprender mais sobre o anarquismo. As vendas de livros, sobretudo introduções ao tema (como este, em sua edição mais antiga em francês), aumentaram significativamente.

Tudo indica que, dentro do movimento alterglobalização, muitos ativistas e manifestantes não rejeitam a violência política e, portanto, não ficam necessariamente incomodados com os Black Blocs. Durante a greve estudantil de 2012 no Quebec, um manifestante expressou a um jornalista sua opinião sobre os anarquistas, que estavam quebrando janelas de bancos e lutando contra a polícia: "Nunca atiro nada, nunca quebro nada, mas estou do lado deles. Sou um *casseur* por dentro".[343]

Mesmo a ecofeminista norte-americana Starhawk, uma defensora ferrenha do pacifismo, declarou: "Eu gosto do Black Bloc [...] Normalmente, acho que quebrar janelas e lutar contra policiais é contraprodutivo, mas os participantes do Black Bloc são meus companheiros e aliados nessa luta e [...] precisamos de espaço nesse movimento para a raiva, a impaciência, o fervor militante".[344]

Donatella della Porta e Sydney Tarrow, duas analistas de movimentos sociais, entrevistaram cerca de 800 manifestantes durante a Cúpula do G8 em Gênova em 2001 e verificaram que apenas 41% deles estavam dispostos a condenar todas as formas de violência.[345] Nas manifestações contra a Cúpula do G8 em Évian em junho de 2003, 16,7% dos manifestantes afirmaram que danificar propriedade pode ser "eficaz", 40% achava que resistir fisicamente à polícia podia ser "eficaz" e mais de 66% afirmou que eles próprios haviam resistindo à polícia em algum momento ou estavam dispostos a isso.[346]

Contudo, os líderes de organizações progressistas, sobretudo por quererem mobilizar os sindicatos, ainda não estão convencidos da utilidade das ações dos Black Blocs.[347] Susan George, por exemplo, acusou os black blockers de Gênova em 2001 por agirem de maneira irresponsável em relação às outras pessoas:

Estão felizes, manifestantes? [...] vocês, os verdadeiros black blockers, que não participaram de nenhuma das reuniões preparatórias que duraram meses, que não pertencem a nenhuma das 700 organizações políticas que haviam decidido democraticamente praticar a não violência criativa e ativa. Estão felizes com suas ações unilaterais, por terem se infiltrado em grupos de manifestantes pacíficos para que eles também sofressem com os cassetetes e o gás lacrimogênio [...]? Estão felizes por finalmente termos nosso mártir? O nome dele é Carlo Giuliani [...] Um homem foi morto. Se não pudermos garantir manifestações pacíficas e criativas, os trabalhadores e os sindicatos oficiais nunca vão se juntar a nós.[348]

A implicação, portanto, é que uma manifestação é um tipo de espaço privado — uma visão aceita sem reservas por um editor da *Rouge*, o órgão de imprensa da LCR (Ligue communiste révolutionnaire, partido trotskista francês) , que acusa os Black Blocs "de invadir manifestações e obrigá-las a entrar em um tipo de confronto que elas não querem".[349]

Essas alegações, porém, não mencionam que muitos black blockers também estão envolvidos nas campanhas de mobilização e que as manifestações de que participam são, em sua maioria, organizadas por grupos radicais. Contudo, mesmo parte da extrema-esquerda e do movimento anarquista supõe que os Black Blocs afastam a "classe trabalhadora"[350] com suas roupas e seu estilo de vida, associados à contracultura anarquista (mais forte na Alemanha e na América do Norte do que na França ou na Grécia).[351] Para anarquistas insurrecionários, essas distinções são ilusórias e ocultam uma forma de manipulação política:

Somos explorados e excluídos, por isso, nossa tarefa é agir. Mas alguns criticam todas as ações que não fazem parte de um movimento social grande e visível que atue "no lugar do proletariado". Eles aconselham analisar e esperar em vez de agir. Supõem que não somos explorados junto com os explorados; nossos desejos, nossa raiva e nossas fraqueza não fazem parte da luta de classes. Isso é só mais uma separação ideológica entre explorados e subversivos.[352]

Outros apontam que essa crítica ignora o fato de que membros da classe trabalhadora participam de Black Blocs, como sugerido por vários comunicados e declarações de Black Blocs publicados ao longo dos anos. Em particular, o comunicado "Who is the Black Bloc? Where is the Black Bloc?" [Quem é o Black Bloc? Onde está o Black Bloc?], lançado em 2010 pelo Coletivo Universidade Autônoma da Itália depois de algumas ações de protesto estudantil, perguntou:

Vocês querem ver os rostos por trás dos lenços, capacetes e máscaras? São os mesmos rostos que pagam aluguel para vocês por casas abandonadas; os rostos que vocês veem quando pedem para assinar contratos de trabalho de um salário mínimo [...] São os rostos que submetem propostas de dissertação e são obrigados a fazer referência aos seus textos monótonos [...] eles fazem seu cafézinho com espuma [...] São aqueles cujo sangue está sendo drenado pela insegurança financeira, que levam vidas de merda e que estão cansados de aguentar isso.[353]

Além disso, muitas declarações feitas por diversos assalariados que não são black blockers demonstram simpatia pela ação direta em geral e pelos anarquistas que usam a tática Black Bloc em particular. Para citar um trabalhador presente na Batalha de Seattle:

Ninguém vai defender os anarquistas? [...] Esses rapazes e moças são nossos companheiros, não sabotadores do movimento. A gente deveria agradecer a esses espíritos revolucionários por expressarem uma raiva legítima e recusar uma ordem social globalizada baseada na ganância, na violência sistêmica e na opressão da maioria [...] Em resposta à brutalidade policial, a não violência defendida pela maioria das organizações se provou completamente inadequada [...] Além disso, as manifestações não eram propriedade exclusiva dos pacifistas, ecologistas, sindicatos e grupos religiosos, mas também dos anarquistas. Ninguém tem o monopólio das ruas

[...] *Mas, como negro e membro da classe trabalhadora, considero uma honra ter compartilhado a companhia desses jovens e corajosos idealistas rebeldes durante os dias sombrios de Seattle.*[354]

Para outro observador:

Os verdadeiros heróis da Batalha de Seattle foram os guerreiros das ruas, a Ruckus Society, os anarquistas, os Earth Firsters, a Direct Action Media Network (DAMN), os militantes operários radicais, como o pessoal da Jobs With Justice, centenas de estivadores, metalúrgicos, eletricistas e caminhoneiros que, revoltados, abandonaram o respeitável desfile oficial da AFL-CIO aprovado pela polícia e se juntaram aos guerreiros das ruas nas barricadas do centro [...] Alguns metalúrgicos, estivadores, eletricistas e caminhoneiros desobedeceram seus líderes, invadiram o centro e participaram da batalha. A passeata principal se retirou em ordem, respeitável, e se dispersou pacificamente em direção a seus hotéis [...] Felizmente, os guerreiros das ruas venceram.[355]

Nas manifestações contra a Cúpula das Américas no Quebec de abril de 2001, muitas pessoas abandonaram a Marche des peuples [Passeata dos povos], organizada e supervisionada por instituições reformistas, ao convite de ativistas que os estimularam a entrar para a multidão que estava enfrentando a polícia.

A Marche des peuples, com cerca de 60 mil pessoas, era supervisionada pelo grupo de líderes da Fédération des travailleurs et travailleuses du Québec [FTQ: Federação de Trabalhadores e Trabalhadoras do Quebec] e confinada à *basse-ville* [cidade baixa], embora a cúpula oficial estivesse acontecendo na *haute-ville* [cidade alta]. As pessoas que esperavam a realização da passeata precisavam apenas olhar para cima para ver a *haute-ville* envolta por grossas nuvens de gás lacrimogênio para ver como a situação devia estar tensa para os manifestantes de lá. Como planejado pelos organizadores, a People's March deu as costas para os eventos trágicos, afastando-se da *haute-ville* e aproximando-se de um bairro residencial, indo parar depois em um terreno baldio a vários quilômetros do confronto e da cúpula oficial.

Mas nem todos os membros de sindicatos concordaram com a postura dos burocratas sindicais, que tentavam controlar o papel dos trabalhadores no protesto. Por exemplo, membros do 3093 of the Canadian Union of Public Employees [CUPE: Sindicato Canadense dos Funcionários Públicos], representando assistentes de pesquisa, estudantes de graduação e docentes temporários da Universidade York (Toronto), junto com estudantes de graduação da York, haviam contratado ônibus escolares para viajar ao Quebec. Em sua maioria, os membros do CUPE 3903 que chegaram estavam organizados em grupos de afinidade e haviam cuidado do treinamento em ação direta, do treinamento jurídico e do treinamento de segurança. Alguns desses grupos de afinidade haviam se preparado para a ação direta com cadeados, correntes e outras ferragens, e ao menos um grupo era um Black Bloc efetivo.

Outras pessoas se juntaram às ações do Black Bloc quando chegaram lá. Os líderes nacionais do CUPE haviam declarado em um comunicado oficial à imprensa que apoiariam a desobediência civil e estariam "na linha de frente", embora não se saiba se tinham ações como as do Black Bloc em mente.[356]

Além disso, como lembra um membro do CUPE:

Durante a Marche des peuples no segundo dia dos protestos, muitas das pessoas ali estavam com raiva dos líderes dos sindicatos que os estavam levando para o meio do nada [...] Tínhamos planejado subir sozinhos e tentar encorajar os outros a nos seguir. Toda a liderança do CUPE de Ontário veio com a gente [...] Talvez tivesse líderes do CUPE de outras províncias também. Pessoas de outros sindicatos também subiram com a gente (vários membros do Canadian Auto Workers [Trabalhadores Automotivos Canadenses]), e sofreram com o gás lacrimogênio e os abusos da polícia. No topo da montanha, vimos Black Blocs e membros de sindicatos (principalmente os grandes e fortes do Canadian Auto Workers) trabalhando com um gancho e uma corda para derrubar a cerca. Eles enfrentaram o gás e o canhão de água [...] Depois da cúpula, na convenção do CUPE de Ontário em Ottawa em junho, a presidente nacional do CUPE, Judy Darcy, fez um discurso inflamado para os membros em que disse que os trabalhadores não abandonaram os jovens no muro de novo, que todas as pessoas locais receberiam treinamento em ação direta e que todas ganhariam máscaras de gás [...] Então, tudo isso é para dizer que a divisão entre trabalhadores e Black Blocs não é tão clara.[357]

Nos bairros da cidade de Quebec onde se deram os confrontos, vários moradores apoiaram os ativistas dando-lhes água, batendo palmas das sacadas ou abrindo suas portas quando eles precisavam de refúgio. Cenas parecidas foram presenciadas em Gênova em 2001.

Outro exemplo é fornecido por Mohammed Chikkaoui, porta-voz da Oxfam-Québec, que comentou sobre as quatro vitrines quebradas no centro de Montreal durante uma manifestação anti-OMC em 2003: "Quando vemos a obstrução e a incoerência sem fim das instituições internacionais, e vemos as pessoas, os jovens nas ruas, sem expectativas quanto ao futuro, sabendo que futuro não tem nada guardado para eles [...] Se eu tivesse a idade deles, é possível que fizesse o mesmo".[358]

Discursando para centenas de pessoas na Praça Vittorio em Turim, na Itália, em 8 de julho de 2011, Alberto Perino, há vinte anos porta-voz do movimento NO TAV no Vale de Susa, declarou: "Siamo tutti Black Bloc" [Somos todos Black Bloc] e foi aplaudido pela multidão.[359] A frase "Siamo tutti Black Bloc" apareceu até em camisetas vendidas na região para apoiar o movimento NO TAV.

Em suma, não existe verdade nas afirmações de que os Black Blocs necessariamente aumentam a distância entre o anarquismo e os cidadãos "comuns" da classe trabalhadora.

ESSA É A CARA DA DEMOCRACIA!

Representantes de movimentos e organizações progressistas acusam os Black Blocs e aliados de não respeitar o processo "democrático". Esse foi o argumento central defendido por Michael Albert após os eventos em Seattle em 1999 em seu artigo "On trashing and building movement" [Sobre a destruição e a construção de movimento].

Os pressupostos por trás dessas críticas vêm de uma visão dominante segundo a qual um movimento social deve ser unificado e avançar em uma única direção determinada por líderes esclarecidos confortavelmente instalados na chefia de organizações que são, em tese, "responsáveis", "democráticas" e "representativas" da "sociedade civil" como um todo. Mas os Black Blocs se fundamentam em um pensamento político muito distinto. Eles não têm personalidades "respeitáveis" que garantam que seu discurso seja entendido pelos principais meios de comunicação, tampouco querem ser financiados pelo Estado ou convidados para conversar com os membros do G20, do G8 ou do Fórum Econômico Mundial em Davos. Em vez disso, os ativistas do Black Bloc declaram: "Não estamos buscando um lugar nas discussões entre os mestres do mundo; queremos que os mestres do mundo deixem de existir".[360]

Fica claro, assim, que os atritos criados dentro dos movimentos sociais alterglobalização e antiausteridade refletem duas concepções diferentes de democracia. Os "representantes" autoproclamados dos movimentos defendem a democracia representativa. Para que uma comunidade, seja ela uma nação ou movimento social, seja "representada", ela precisa ser vista como homogênea e capaz de se expressar por uma única voz (a de seus representantes). Essa abordagem é exemplificada por Patti Goldman, representante e administradora da Earthjustice, fundada como Sierra Club Legal Defense Fund em Seattle em 1971, que afirmou em 1999, em Seattle:

Condenamos a violência. Somos uma instituição que atua dentro da lei para proteger o meio ambiente. Existem questionamentos válidos para serem feitos para a OMC e a administração Clinton sobre a necessidade crítica de uma reforma fundamental para mudar as regras para a proteção da nossa saúde e do nosso meio ambiente. A violência só confunde a nossa mensagem. Meia-dúzia de anarquistas não podem afundar nossa mensagem de milhares de manifestantes pacíficos.[361]

Contudo, o que as palavras dela realmente mostram é que não existe um movimento unificado, mas sim relações de poder em meio às quais as elites de movimentos sociais buscam se distanciar dos "anarquistas", excluindo-os sem o menor reconhecimento de que a mensagem deles possa ter alguma relevância.

Sobre a "diversidade de táticas", Susan George afirma que essa abordagem não pode funcionar porque "não haverá *unidade* na manifestação e *nenhuma mensagem clara* para o mundo lá fora".[362] A implicação é que George pode falar por todo o movimento, do qual excluiu os elementos que desviam dos padrões. Quanto aos Black Blocs, ela os reduz a "um bando de pessoas que, na verdade, não têm nada a propor".[363] Sobre as manifestações contra a Cúpula do G8 em Évian, acrescenta que os "vândalos" pertenciam a uma "subcultura minoritária [...]de 'fãs de heavy vestidos de couro com o cabelo espetado' imundo de Zurique, cujo único objetivo na vida parece ser destruir as coisas. Só um psicólogo ou antropólogo formado poderia dizer se eles têm algum interesse em política".[364]

Os Black Blocs e seus aliados são descritos como produtos de um desvio cultural combinado a uma patologia psicológica. Dessa forma, são como um refugo para os líderes de grupos institucionalizados, que, ao se dissociarem dos "vândalos", desejam projetar uma imagem calma, respeitável e homogênea de um movimento capaz de falar com uma única voz, a da sua elite.

Por outro lado, os anarquistas e a maioria dos participantes de Black Blocs veem um movimento social como algo heterogêneo, um movimento de movimentos, e defendem que a multidão não pode ser "representada" sem que seu desejo seja excessivamente simplificado pela elite que a representa. Em outras palavras, que a delegação de autoridade destrói os princípios de igualdade e liberdade, porque os representantes sempre criam interesses pessoais que entram em conflito com o "bem comum" da comunidade que dizem representar.

Os membros dos Black Blocs preferem o pluralismo e a autonomia de escolha, ao passo que as elites progressistas buscam disciplinar as manifestações "delas" e condenar publicamente as ações de Black Blocs. Sentindo-se traídos, os black blockers às vezes interrompem intencionalmente os discursos de líderes importantes do movimento. Um incidente como esse ocorreu em Nice em dezembro de 2000, às vésperas da Cúpula da UE de lá. Um ativista francês narra o que aconteceu nos encontros antes das manifestações:

Cerca de 200 de nós dormimos no porão de um estacionamento. Senti a dificuldade que os mendigos conhecem bem quando dormem sobre um papelão, com o frio queimando as costas. Eu estava lá porque a gente podia conversar sobre violência. Saímos do ginásio, onde gente como Susan George e Alain Krivine[365] estava falando. Foi a primeira vez que percebi que dá para interromper as pessoas. Normalmente, são elas — em questões de "imigração ilegal" ou outros temas — que nos põem para fora, nos cooptam, se apropriam de movimentos mandando seus jovens para nossas reuniões gerais, mas dessa vez fomos nós que gritamos xingamentos e vaiamos.[366]

Aqui, os "representantes" do movimento são criticados por negar sua diversidade, e se recusar a levar seus participantes radicais e antiautoritários a sério.

No entanto, ainda piores são os esforços da elite para se associar a movimentos populares e cooptar sua energia militante para seu próprio benefício e para o benefício de organizações institucionalizadas. Jornalistas perguntaram ao músico Midge Ure, organizador do Live8 escocês de 2005, se temia que os anarquistas cooptassem o Live8 (uma série de eventos musicais que exigia o cancelamento de dívidas de nações mais pobres). Ele respondeu que, na verdade, estava usando o evento dos anarquistas para sua vantagem.[367] Contudo, depois das manifestações, mandou os anarquistas irem "para casa".[368]

Os participantes de Black Blocs não veem seu engajamento político no movimento alterglobalização como a aceitação da alterglobalização como seu objetivo único, claro e específico. Tal objetivo é apenas uma consequência

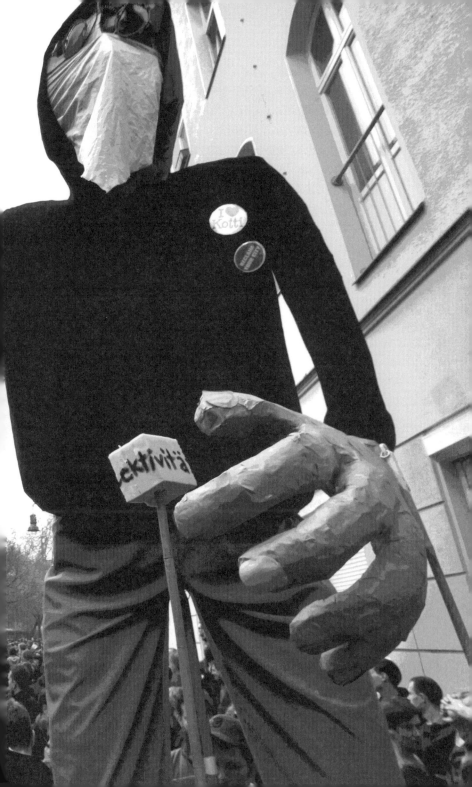

do fato do movimento alter ser composto, em sua maioria, por organizações de esquerda institucionalizadas. Sobre essa conexão, um membro de um grupo de afinidade aliado aos Black Blocs explica: "Somos anticapitalistas acima de tudo, antes de sermos contra a globalização; somos contra a globalização porque somos anticapitalistas".[369] Esse é o motivo por que os Black Blocs sempre criticam a superficialidade da elite progressista. E, assim, cada lado acusa o outro de minar a eficácia e a credibilidade do movimento.

As elites de organizações reformistas vivem censurando os "jovens baderneiros" e "anarquistas" na certeza de que isso fará com que os líderes reformistas se tornem dignos da atenção do Estado e da mídia. A arena política oficial está submetida ao aparato normalizador bem-desenvolvido, que consiste em políticas governamentais, canais de comunicação oficiais, concessões, critérios de inclusão (ou exclusão) e assim por diante. A dependência de atores políticos progressistas nesse aparato os estimula a se dissociar de grupos que podem manchar sua respeitabilidade. E o destino financeiro e político dos porta-vozes de várias instituições muitas vezes dependem tanto de subsídios do governo como do sucesso ou do fracasso de suas ações.

Representantes do Estado pediram abertamente aos porta-vozes de organizações reformistas para se dissociarem publicamente dos "baderneiros". Depois dos distúrbios relativos à Cúpula do G8 em Gênova em 2001, Guy Verhofs-

Foto da página anterior: Manifestações do Primeiro de Maio em Berlim, 2013. (Foto reproduzida com a permissão de Umbruch Bildarchiv.)

tadt, primeiro-ministro belga e presidente da UE, exigiu: "Quero ouvir os representantes de todos os movimentos e partidos democráticos, de todo o mundo, se dissociando dos baderneiros".[370] Essa recomendação foi repetida por jornalistas como Dominique von Burg, editor-chefe do *La Tribune de Genève*, em sua análise na primeira página do jornal sobre a manifestação contra a Cúpula do G8 em Évian de junho de 2003. Ele representou os "vândalos" como nada mais do que "um bando de imbecis": "Algumas centenas de baderneiros [...] conseguiram roubar a cena de um protesto pacífico importante [...] Como fizeram durante a manifestação, as forças de oposição *devem repudiar firmemente* todos aqueles cujos argumentos se resumem a pés de cabra e coquetéis Molotov".[371]

Ao que parece, a elite progressista não hesita em obedecer. Quando estava no comando das relações-internacionais da ATTAC, Christophe Aguiton, embora mais radical do que Susan George e mais disposto a denunciar a violência policial, declarou que o Fórum Social, organizado por grupos e associações reformistas em Gênova em 2001 "era *legitimado*, dentro e fora da Itália, *por sua capacidade de se distanciar de atos de violência* cometidos por certos grupos de manifestantes".[372] O mesmo argumento foi usado durante a Cúpula das Américas do Quebec por Françoise David, porta-voz da Cúpula dos Povos (subsidiado pelos governos do Canadá e do Quebec), que disse "não à violência", a qual, segundo ela, havia sido orquestrada por "um grupo muito pequeno" de vândalos.[373] Por fim, esta foi a resposta de Bob Geldof, porta-voz da campanha Live8, aos ativistas "violentos" que protestavam contra a Cúpula do G8 na Escócia em 2005: "Vocês são um bando de perdedores".[374]

A "POLÍCIA DA PAZ"

Em troca de recriminar os Black Blocs publicamente, os porta-vozes do movimento progressista esperam ser recompensados politicamente pelas autoridades. Em específico, esperam ser reconhecidos como atores legítimos e receberem convites para discutir e, talvez, negociar com pessoas nos altos escalões.[375]

O desejo dos reformistas de projetar uma imagem responsável de si mesmos leva à autodisciplina dos manifestantes de rua. Claro, implícita até mesmo em manifestações pacíficas está a ideia de que é possível uma guerra civil ou uma revolução. O filósofo francês Yves comenta: "Em países democráticos, a manifestação em massa é uma forma ritualística de confronto. Os adversários mostram seus números sem a intenção de usar a força, mas deixando inferir que poderiam usar".[376] É claro que os líderes reformistas preocupados com sua imagem pública pretendem que esse possível embate seja adiado.[377]

Contudo, surge a seguinte questão: que relação política está sendo definida quando a elite progressista pede permissão às autoridades para manifestar, discutir a rota da passeata em conjunto com elas e supervisionar seus manifestantes com um conjunto de líderes? O cientista político Olivier Fillieule se refere a um "espírito de cumplicidade"[378] entre os organizadores e a polícia. Isabelle Sommier, outra cientista política, comenta que "as exigências da ordem interna de uma passeata" organizada por grandes instituições militantes coincidem com "as exigências de ordem pública", pois "ambas são ameaçadas pelos elementos 'incontroláveis' e 'desordeiros', ou 'vândalos' de todos os tipos".[379]

Dessa forma, políticos e porta-vozes progressistas mantêm exatamente o mesmo tom. "Condenamos firmemente esse tipo de ação violenta, que é totalmente alheio ao movimento alterglobalização", disse Juan Tortosa, um dos coordenadores do Forum Social Lémanique, em resposta às ações conduzidas durante a Cúpula do G8 em Évian.

Em Gênova, José Bové, membro da Confédération paysanne e provavelmente o mais famoso porta-voz do movimento alterglobalização na França, declarou que, "hoje, mais de 200 mil pessoas se reuniram aqui, recusando o conceito do G8, o conceito da globalização, apesar das provocações da polícia e das tentativas de desestabilização de algumas pessoas de grupos não controlados". O ponto central desses comentários, feitos na rede pública France 2 em 21 de julho de 2001, foi reiterado no mesmo dia na TF1, em que Bové voltou a fazer referência a "grupos não controlados". Não controlados? Por quem? Pela polícia? Ou pelos organizadores e porta-vozes do movimento, como o próprio Bové? Uma questão discutível. O que fica claro em tudo isso, porém, é a ideia de que tudo ficaria bem se todos os manifestantes agissem de maneira "controlada". Como Christophe Aguiton da ATTAC afirmou de maneira mais direta, "Seria melhor se pudéssemos controlar tudo".[380] Susan George, por sua vez, declarou ser necessário "impor a não violência generalizada em nossas fileiras" a fim de conseguir um "ativismo disciplinado".[381]

Para aqueles que se apresentam como porta-vozes do movimento, o importante é controlar as fileiras, a ponto de agirem como ajudantes da polícia. Daí o fato de as instituições usarem líderes em manifestações em Seattle, Quebec, Annemasse, Toronto e outros lugares.

Depois da Cúpula do G20 em 2010 em Toronto, Sid Ryan, presidente da Ontario Federation of Labour, a qual havia claramente mudado de sintonia depois de subir a montanha com líderes do CUPE no Quebec em 2001, escreveu uma carta ao editor da *Toronto Star* denunciando as "ações covardes" dos "*hooligans*". A respeito da grande manifestação People First organizada por sindicatos e organizações da sociedade civil, Ryan declarou:

Os organizadores do protesto, incluindo a Ontario Federation of Labour, trabalharam com diligência para garantir que nosso direito democrático ao agrupamento legal fosse respeitado [...] Para tanto, estabelecemos ligações com a Polícia de Toronto e cooperamos sempre. No dia, centenas de líderes voluntários facilitaram o que foi um evento extraordinariamente bem-sucedido, dada a tensão que havia invadido a cidade nos dias anteriores.[382]

A seu ver, o protesto People First "falou aos líderes mundiais — incluindo nosso primeiro-ministro Stephen Harper — para colocar as necessidades dos seres humanos e do meio ambiente à frente de todas as considerações enquanto deliberavam no fim de semana".

Chris Samuel examinou a "distinção entre a People First e a Get Off the Fence" entre os protestos contra o G20 em Toronto. A Get Off the Fence foi uma manifestação convocada pela rede Community Solidarity da qual um Black Bloc participou. Samuel concluiu que, "ao demonstrar que a People First não é um Black Bloc, os organizadores dessa manifestação acumularam capital simbólico às custas do Black Bloc [...] Usaram sua estabilidade institucional para manter relações com a polícia e, assim, retratar essas relações como a favor de um protesto legítimo".[383] Mas Samuel também comentou que, embora essa tática sem dúvida tenha ferido a imagem pública do Black Bloc, ela não fortaleceu o impacto da manifestação People First nas discussões da Cúpula do G20, em particular, ou do capitalismo, em geral. Via de regra, as elites políticas e financeiras que comandam o G20 mostram pouco interesse por qualquer manifestação que não represente uma ameaça real à estabilidade social.

Algumas personalidades progressistas chegaram a sugerir que a polícia deveria ter agido com mais rapidez para prender os membros de Black Blocs. Por exemplo, Judy Rebick, uma intelectual feminista progressista no Canadá criticou os Black Blocs depois das manifestações e prisões em massa durante o G20 em Toronto. Alguns meses antes, ela havia comentado sobre a ação do Black Bloc durante as manifestações contra os Jogos Olímpicos em Vancouver: "Se a diversidade de táticas significa que as pessoas que querem cometer vandalismo e às vezes violência podem entrar no meio de uma manifestação com máscaras pretas e quebrar o que lhes der na veneta quando a grande maioria das pessoas envolvidas não quer, esse é o meu limite".[384] Em relação a Toronto, considerando que o Black Bloc saiu de uma manifestação em massa e correu na direção oposta, poderia se pensar que Judy Rebick teria ficado satisfeita. Em vez disso, ela escreveu:

Acho que os policiais poderiam ter prendido os Black Blocs assim que começou a ação, mas eles abandonaram suas viaturas e deixaram que as queimassem [...] Sou contra botar fogo em carros e quebrar vitrines, e faz décadas que discuto essas táticas com pessoas que acham que realizam alguma coisa com elas. Mas a questão maior aqui é por que a polícia deixou que isso acontecesse? E não se engane, o fato é que a polícia realmente deixou que acontecesse. Por que a polícia permitiu que a coisa saísse do controle? [...] A responsabilidade pelo que aconteceu ontem à noite é da polícia. Eles eram responsáveis por manter a paz e não cumpriram com sua obrigação.[385]

Essa declaração, no mínimo ambígua, sugere que Rebick preferiria que a polícia tivesse prendido os membros do Black Bloc.

Cerca de dez anos antes, Lori Wallach, lobista norte--amcricano c dirctor da Global Trade Watch, afiliada da organização Public Citizen, de Ralph Nader, afirmou em uma entrevista que, em 29 de novembro de 1999, o dia anterior às ações diretas em Seattle, os "anarquistas" queriam quebrar vitrines durante um evento em que José Bové estava distribuindo queijo Roqueford na frente de um McDonald's:

Nosso grupo, na verdade, pegou os anarquistas. Porque tínhamos metalúrgicos e estivadores que, só de músculos, eram três ou quatro vezes maiores. Então a gente só pegava os anarquistas, com um cara de cada lado. Levávamos para a polícia e dizíamos "esse menino quebrou uma vitrine. Ele não é um dos nossos. Nós odiamos a omc *e talvez ele também, mas não quebramos as coisas. Por favor prendam esse cara". E a polícia não prendia ninguém.*[386]

No dia seguinte, Medea Benjamin, que dirige a Global Exchange, de San Francisco, e que faz campanha contra fábricas que exploram seus trabalhadores e fornecem para a Nike, interveio para proteger as vitrines da Nike, do McDonald's e da Gap contra os "vândalos". Ela declarou ao *New York Times* que ficava se perguntando: "Onde está a polícia? Os anarquistas deviam ser presos".[387] É mais do que apenas problemático ver porta-vozes reformistas com o mesmo desejo de disciplina que políticos, policiais e até presidentes de multinacionais. Em setembro de 1998, 450 desses presidentes assinaram a Declaração de Negócios de Genebra, que continha uma declaração de que José Bové, Susan George e outros líderes reformistas não discordariam: "As empresas estão acostumadas a trabalhar com sindicatos, organizações de consumidores e outros grupos representativos que são responsáveis, confiáveis, transparentes e respeitadores, e, por isso, merecem respeito. O que questionamos é a proliferação de grupos ativistas que não aceitam esses critérios autodisciplinares".[388]

Em seu estudo sobre as manifestações contra a Cúpula das Américas, Isabelle Saint-Armand observou que o "retrato caricato do vândalo, muito distante do manifestante pacífico, ajuda a dividir os manifestantes em termos de moral e legitimidade".[389] Além disso, políticos, policiais e representantes do Estado sabem como expressar gratidão aos líderes de organizações progressistas por supervisionar bem as manifestações e obedecer a acordos negociados previamente sobre os pontos de encontro, horários de partida e rotas. Sobre a manifestação em massa contra a Cúpula do G8 em Évian de junho de 2003, Laurent Moutinot, presidente do Conselho do Estado Suíço, distribuiu buquês, mas também críticas: "Sobre a manifestação em si, é difícil culpar os organizadores [...] Eles obedeceram aos acordos que fizemos com eles. Mas foram confrontados por pessoas que usam esse tipo de evento para seus próprios fins egoístas. É um fenômeno parecido com o dos *hooligans*".[390]

Christophe Aguiton, que estava no comando das relações entre as várias organizações militantes e a polícia durante a Cúpula de Évian, recebeu de presente duas belas facas do chefe da polícia por ter jogado de acordo com as regras estabelecidas, em grande parte, pelas autoridades. Essa pequena cerimônia foi, obviamente, transmitida pela mídia, que deu ao chefe de polícia a chance de projetar uma imagem amigável diante das câmeras de TV.

Fica claro que, por um desejo pouco saudável de cooperar com as autoridades e serem vistos como sensatos e responsáveis, alguns ativistas radicais e dinâmicos passam a representar papéis de figuração em uma peça que beneficia as próprias autoridades a que dizem se opor. Sobre essa relação, o militante francês Patrice Spadoni, ex-trabalhador do serviço postal e organizador das Passeatas contra o Desemprego na Europa, explica: "O que assusta as autoridades no poder é a conjunção entre radicalismo e movimentos em massa". Em seguida, acrescenta: "As autoridades no poder buscam dividir o movimento do protesto, que está ganhando cada vez mais apoio. Por um lado, querem criminalizar a ala combativa dos movimentos sociais. Por outro, tentam integrar a ala mais moderada".[391]

Políticos e policiais gostam quando os manifestantes se disciplinam e organizam sua própria unidade parapolicial na forma de líderes. A Marche des peuples, realizada durante a Cúpula das Américas de 2001 no Quebec, é um exemplo nesse sentido. Tendo sido informado de que os Black Blocs pretendiam se juntar à manifestação, um dos líderes sindicalistas da FTQ declarou na rede de comunicações da organização: "Então, vou mandar pegarem pesado com vocês! Vamos acabar logo com vocês".[392] Isso logo deu origem a uma série de comentários elogiosos. Após a Marche des peuples, o primeiro-ministro canadense Jean Chrétien disse: "Gostaria de aproveitar essa oportunidade para agradecer a QFL, que tinha seus próprios seguranças".[393] Os comentários feitos por Bernard Landry, então primeiro-ministro do Quebec, também são esclarecedores:

As demonstrações da Cúpula dos Povos foram excepcionalmente pacíficas e exemplares. Fui informado de que o grupo de líderes dos sindicatos cumpriu seu trabalho muito bem. Sabemos que, tradicionalmente, a Quebec Federation of Labour e a Confederation of National Trade Unions conseguem garantir a ordem nas manifestações. Eles conseguiram isso, mas é preciso lembrar que as manifestações podem ser infiltradas por vândalos cujo comporta-

mento é antidemocrático e antissocial, que não são nenhuns anjos e não merecem nossa simpatia.[394]

"Foi organizada por pessoas sérias. Foi impecável." Essa foi a maneira como Robert Poeti, porta-voz da polícia, se exprimiu.[395] Contudo, um manifestante que havia participado da muito pacífica Marche des peuples desabafou sua decepção em uma carta aberta. Ele estava mais desgostoso com os organizadores, pois achava que eles o tinham enganado: "Eu segui as regras participando da manifestação pacífica [...] Decidi depositar minha confiança num protesto não violento e caminhar segundo a rota planejada, por mais que ela levasse a um terreno baldio no subúrbio [...] Fui muito inocente! Nós jogamos o jogo, mas fomos os únicos. A mídia mal mencionou a passeata".[396]

Conclusão

REPRESSÃO POLICIAL E PERFIS POLÍTICOS

Uma consequência da popularidade dos Black Blocs é que eles não têm mais a vantagem do elemento-surpresa. Isso os deixou mais vulneráveis à repressão, à vigilância e à infiltração policial. Por exemplo, o relatório produzido pelo Serviço de Polícia de Toronto após a Cúpula do G20 de 2010 contém trechos de seu diário operacional com atualizações quase minuto a minuto enviadas do centro de comando. O documento traz à tona a aparente obsessão da polícia com os Black Blocs, a ponto de, mesmo durante o desenrolar dos acontecimentos, a polícia circular "informações" muitas vezes inúteis e às vezes absurdas sobre qualquer coisa que se assemelhasse a um Black Bloc.

Durante uma passeata pacífica em 25 de junho, os policiais em vigilância informaram seus comandantes que cerca de 30 black blockers estavam entoando "Bomb the RCB" [Bombear o Royal Bank of Canada] e que o cheiro de algo queimando alguns minutos antes poderia significar que estavam sendo preparados coquetéis Molotov. Uma equipe de especialistas em eliminação de bombas foi empregada quando os membros do Black Bloc pareciam estar preparando uma bomba improvisada na frente da delegacia de polícia. Os policiais que observavam também informaram ver "outros membros do Black Bloc [...] mascarando-se e colocando óculos. Vários deles começaram a misturar líquidos desconhecidos e substâncias químicas em sacos plásticos e garrafas de vidro".[397]

Algumas horas depois do início da manifestação, "membros do Black Bloc" foram vistos mais uma vez "misturando líquidos desconhecidos na frente do Sick Kids Hospital"[398] e, um pouco mais tarde, "membros do Black Bloc foram vistos urinando em garrafas plásticas aparentemente em preparação para alguma coisa".[399] Na verdade, essa manifestação acabou da mesma forma como começou, completamente pacífica, sem que os Black Blocs conduzissem qualquer ação direta.

A obsessão da polícia pelos Black Blocs tornou arriscado conduzir determinadas ações, especialmente em manifestações pequenas, mas também em protestos massivos. Como os Black Blocs são muito visíveis, a polícia pode facilmente entrar em uma multidão e prender membros do grupo. Foi o que aconteceu em Montreal (2012), durante uma passeata contra o aumento das tarifas de serviços públicos; em Nova York (janeiro-fevereiro de 2002), durante o Fórum Econômico Mundial; e em Ottawa (novembro de 2001) durante manifestações contra o FMI, o Banco Mundial e o G20.[400]

Os Black Blocs são especialmente vulneráveis à infiltração policial e a agentes provocadores. O uso de máscaras acaba facilitando a infiltração, e não é difícil imaginar policiais disfarçados circulando em grupos pequenos e prendendo manifestantes incautos. Além disso, agentes provocadores podem cometer atos ilegais e talvez até violentos para manipular manifestantes genuínos e a mídia, justificando, assim, intervenções policiais mais agressivas.

Porta-vozes de organizações políticas e ativistas expressam essas preocupações depois de quase todas as grandes mobilizações que envolvem confrontos e repressão.

Seu argumento típico é que agentes da polícia participaram e manipularam o Black Bloc. Muitas vezes, porém, as evidências em favor dessas alegações são algumas fotos mostradas fora de contexto — por exemplo, a de um black blocker que parece estar conversando com a tropa de choque — sem indicação do que está sendo dito ou do que aconteceu antes ou depois de a foto ser tirada, tampouco do que estava acontecendo fora do enquadramento.

Na Cúpula do G8 em Gênova em 2001, circularam vários rumores de que o Black Bloc havia conspirado com a polícia ou que as autoridades italianas haviam permitido que centenas de neonazistas fossem para Gênova para gerar confusão disfarçados de black blockers a fim de tirar o crédito do movimento e justificar a repressão.[401] Susan George foi especialmente enérgica ao repetir essas histórias, declarando que "os Black Blocs *sempre* têm policiais e elementos nazistas infiltrados".[402]

Em seu livro sobre os Black Blocs, o jornalista italiano Franco Fracassi busca demonstrar, com base em entrevistas de policiais aposentados, que os Black Blocs foram infiltrados e controlados por agentes do serviço secreto sem o conhecimento de outras forças policiais. Ele chega ao ponto de afirmar que os Black Blocs são financiados por fundações privadas e corporações multinacionais para criar caos e tirar o crédito das demandas de forças progressistas.

Outra forma de "provar" que existe manipulação policial é apontar que os policiais estão sempre bem informados sobre os Black Blocs, mas não fazem nada para prendê-los antes de uma manifestação ou limitar suas ações durante o ato. Em junho de 2010, depois dos protestos contra o G20 em Toronto, Murray Dobbin, editor-sênior da revista virtual progressista *rabble* (lançada em 2001, alguns dias

A cerca de segurança depois de ser quebrada por Black Blocs e outros manifestantes na Cúpula das Américas do Quebec em abril de 2001. (Patrick J Connor.)

antes da Cúpula das Américas no Quebec), explicou que as forças policiais:

Sabem exatamente o que eles estão fazendo [...] o fato óbvio é que elas estão sempre no controle. Era uma operação muito estratégica do começo ao fim. A decisão de permitir que o Black Bloc fizesse seu trabalho destruidor sem qualquer intervenção foi estratégica, pois a polícia e seus mestres políticos sabiam que a mídia representaria seu papel predeterminado e se concentraria na destruição de propriedade. A prisão em massa de 900 pessoas [no total, mais de 1.100] foi uma mensagem para aqueles que estavam dispostos a tomar uma posição: "você poderia ser o próximo, e um registro cri-

minal não é algo com que se brinca". Não existe dúvida de que, em meio à multidão de pessoas que quebravam vitrines e queimavam carros, havia um número grande de agentes provocadores [...] Talvez, na próxima, os ativistas de verdade devessem cercar essas pessoas e impedi-las, já que a polícia se recusa a fazer isso. Eles são os inimigos da mudança social — devemos tratar todos como agentes provocadores e planejar para lidar com eles como tal. No processo, podemos pegar alguns policiais em flagrante.[403]

Dobbin está sugerindo que os manifestantes deveriam atacar fisicamente os ativistas de Black Blocs, atuando como uma espécie efetiva de "polícia da paz". Também afirma que a polícia está "sempre no controle", exceto, claro, quando as pessoas se manifestam pacificamente, sem perturbar a ordem social.

Sobre as manifestações de 2001 contra o G8, Fracassi se referiu em seu livro a um documento apresentado nos tribunais genoveses intitulado "Informazioni sul fronte della protesta anti G8" [Informações sobre o fronte do protesto anti-G8], que indicava, com muita precisão, o número de anarquistas esperados de toda a Europa, assim como o número de ativistas que representavam uma ameaça na Itália: em Aosta, dez black blockers e quarenta membros do Pink Bloc; em Perúgia, cinco black blockers; em Vibo Valentia, três membros de Pink Bloc e um Blue Bloc (não faço a menor ideia do que seja um "Blue" Bloc!).[404] Fracassi também relatou que a polícia italiana sabia que 1.891 ativistas participavam de Black Blocs na Itália.[405] Depois de cogitar por que eles não estavam presos, concluiu que o fato de que permaneciam livres era mais uma "prova" de manipulação policial.

Tudo isso é um tanto ridículo. Além disso, prisões preventivas de ativistas impõem uma ameaça óbvia à liberdade política. Há poucas dúvidas de que as autoridades coletem dados relativamente confiáveis sobre grupos de protestos e usem essas informações ao conduzirem operações como controle de multidão. Nada disso, porém, pode garantir que alguém que represente um risco à segurança pública seja impedido de agir ou pego em flagrante.

Mesmo assim, as manifestações em massa costumam ser sujeitas a vigilância, infiltração, prisões preventivas e impedimento de entrada no país, como foi o caso em Gênova em 2001, quando as autoridades italianas detiveram trens e barcos. Em 2011, na Cúpula do G20 em Cannes, a polícia tentou interceptar "arruaceiros" na fronteira franco-italiana,[406] e diversos ativistas espanhóis foram presos na manhã das manifestações.[407] A polícia de Londres fez 57 prisões em junho de 2013 no ponto de encontro do Carnival Against Capitalism, que fazia parte dos protestos contra a Cúpula do G8 na Irlanda. Segundo a polícia, as prisões foram justificadas por "informações de que os indivíduos no local estavam em posse de armas e pretendiam causar dano criminoso e se envolver em desordem violenta".[408]

O fato é que a polícia vive conduzindo prisões preventivas pouco antes de grandes mobilizações, aparentemente com o objetivo de desestabilizar redes militantes e apresentar ao público a imagem de eficácia.

Depois da Cúpula do G20 em Toronto em 2010, a polícia publicou dezenas de fotos, e os suspeitos de terem cometido delitos foram presos nas semanas seguintes, não apenas em Toronto, mas também em Vancouver, nos Estados Unidos. Em resumo, os serviços de segurança e as forças policiais são muito poderosos, dotados de recursos de vigilância sofisticados, e bem preparados para confrontos com grandes multidões e perseguições de suspeitos.

Mas isso não torna a polícia onisciente, onipotente ou

imune à incompetência. Na manifestação de outubro de 2011 do Movimento Occupy em Roma, policiais foram alocados em pequenos grupos para proteger prédios do governo. Manifestantes afirmaram depois terem visto essas unidades sem fazer nada enquanto a manifestação ficava cada vez mais violenta, pois elas tinham recebido ordens de permanecer paradas na frente dos prédios. No dia seguinte, as manchetes da primeira página do *La Repubblica* resumiu os resultados dessa decisão: "Black Bloc devasta Roma. Setenta feridos, entre eles dez oficiais. Viatura dos *carabinieri* incendiada. Atuação dos policiais contra manifestantes violentos é criticada".[409]

Na Cúpula do G20 em Toronto, muitos foram pegos de surpresa porque as fileiras da tropa de choque que bloqueavam as ruas que levavam à cerca de segurança permaneceram imóveis enquanto o Black Bloc corria bem diante deles na direção oposta, quebrando janelas no caminho. E por que as unidades da tropa de choque trazidas no ônibus não prenderam e neutralizaram o Black Bloc? Os vários relatórios redigidos depois da cúpula pela polícia, pelo ouvidor de Ontario e pela Independent Police Review deixam claro que a polícia achou que a intenção do Black Bloc era trespassar as linhas policiais e chegar à cerca de segurança.[410] Por isso, os esquadrões da tropa de choque haviam recebido ordens para não se mover, não se distrair e permanecer imóveis, bloqueando as ruas que levavam à cerca. A polícia achou até mesmo possível que o Black Bloc fosse quebrar janelas como forma de distração para afastar os esquadrões da tropa de choque da cerca de segurança. Quanto aos ônibus que transportavam unidades policiais móveis, muitos ficaram simplesmente presos no trânsito. Outros eram dirigidos por civis, que não tinham autorização para atravessar no farol vermelho, ou por policiais de fora de Toronto, cujo conhecimento da cidade era tão precário que foram obrigados a parar para comprar mapas da cidade nas estações de metrô para conseguirem entender suas ordens.

O resultado foi que, apesar de centenas de milhões gastos em segurança, do emprego de milhares de policiais e dos meses passados de infiltração policial que resultou na prisão "preventiva" de 17 anarquistas antes da manifestação, o Black Bloc desfrutou de cerca de 45 minutos de liberdade para quebrar dezenas de vitrines no centro de Toronto. Para citar o relatório do Office of the Independent Police Review Director [OIPRD: Órgão do Diretor Independente de Auditoria da Polícia]: "Houve claramente um nível de frustração crescente entre os policiais em campo e os comandantes [...] por causa da falta de controle que a polícia parecia ter sobre o protesto nas ruas e de sua incapacidade de deter os vândalos do Black Bloc".

O chefe de polícia convocou uma reunião de emergência e, quando houve a troca de turno no posto de comando, o novo encarregado, segundo o testemunho de um policial, "queria que as ruas que haviam ficado perigosas por causa dos terroristas que estavam atacando nossa cidade fossem tornadas seguras novamente pela restauração da ordem". Isso significava "prisões em massa".

O relatório do OIPRD comenta que os comandantes estavam "ansiosos para agir" e que o "resultado foi uma reação excessiva".[411] A polícia começou a avançar contra a multidão, fazendo centenas de prisões, mas, àquela altura, o Black Bloc havia desaparecido, deixando pilhas de roupas pretas em parques públicos. Quando a cúpula terminou, mais de mil prisões haviam sido feitas, das quais 96% não levariam a acusações formais, muito menos julgamentos.[412]

INFILTRAÇÃO POLICIAL

Deixando de lado os paranoicos e os defensores de teorias da conspiração que acreditam que a polícia realmente *sempre* pode controlar tudo em todos os lugares, não há dúvidas de que a polícia se infiltra e manipula grupos de ativistas, e, além disso, usa ativistas como informantes. No Reino Unido, várias ativistas mulheres adotaram ações legais depois de uma dezena de agentes policiais terem se infiltrado em sua rede e tido relações íntimas com elas, algumas das quais duraram anos. Em um dos casos, isso acabou por levar ao nascimento de uma criança. Para aumentar o absurdo, um dos agentes desmascarados processou a polícia por danos morais: "Meus superiores sabiam com quem eu estava dormindo, mas preferiram fazer vista-grossa porque eu estava conseguindo informações muito valiosas. Eles não fizeram nada para me impedir de me apaixonar".[413] Esse espião da polícia, Mark Kennedy, atuou durante cerca de sete anos em diversos países europeus, infiltrando-se em redes de extrema-esquerda, e obtendo informações sobre grupos anarquistas e sobre "um grupo antifascista cujo principal objetivo era impedir as atividades dos grupos e partidos políticos da ala de extrema-direita".[414] Algumas das informações que ele reuniu teriam ajudado a indiciar diversos ativistas.[415]

Alguns meses antes das mobilizações contra a Cúpula do G20 em Toronto, a polícia plantou agentes secretos, especialmente na Southern Ontario Anarchist Network [SOAR: Rede Anarquista do Sul de Ontário]. Uma das agentes teve tanto sucesso que virou colega de quarto de uma militante e conseguiu gravar reuniões do grupo. Posteriormente, serviu como principal testemunha contra 17 anarquistas presos por uma conspiração da qual foram acusados de ser "líderes de quadrilha". Em abril de 2001, 48 horas antes da abertura oficial da Cúpula das Américas no Quebec, membros de um grupo de afinidade chamado Germinal foram interceptados em um carro privado na estrada que levava para Montreal e para o Quebec. A polícia encontrou equipamentos defensivos e ofensivos no veículo, e os militantes passaram várias semanas atrás das grades. Por que milagre os policiais conseguiram identificar esses militantes em um automóvel comum em meio a tantos outros na estrada? Simples: dois agentes da RCMP, que depois testemunharam no tribunal, haviam se infiltrado no grupo alguns meses antes. A operação foi extremamente útil para as autoridades, pois permitiu que neutralizassem alguns ativistas e exibissem os "espólios de guerra" para a mídia às vésperas da Cúpula do Quebec. Para quem estivesse prestando atenção, isso equivaleu a uma declaração de que a eficiência policial estava no auge. Segundo alguns, essa é uma estratégia comum da polícia na preparação para as cúpulas.

A infiltração também ocorre quando os protestos estão em andamento, com policiais à paisana alocados diretamente em meio aos manifestantes. Durante a Cúpula do G8 em Évian em 2003, um grupo de policiais formou o que parecia ser um Black Bloc, entrou no centro de convergência localizado no centro cultural autogerenciado l'Usine [Fábrica] no centro de Genebra e imediatamente conduziu uma série de prisões violentas. Imagens da intervenção foram amplamente distribuídas nos meios de comunicação em massa e na mídia alternativa, e a polícia suíça admitiu publicamente sua responsabilidade pela ação.[416]

Em 2008, durante mobilizações contra a Cúpula de Parceria de Segurança e Prosperidade da América do Norte em Montebello, no Quebec, três agentes da Sûrete du Québec, como parte da operação chamada ironicamente de "Flagrant Délit" [Delito Flagrante], se disfarçou de preto para se infiltrar no Black Bloc. Um deles tinha uma pedra nas mãos enquanto avançava. Percebendo o subterfúgio, os black blockers ficaram de olho neles; pouco depois, eles foram literalmente desmascarados por sindicalistas. Para se livrar da situação, os três agentes entraram atrás da linha de polícia e se jogaram no chão como se estivessem sendo presos. Contudo, registros em vídeo mostraram depois que os policiais que prendiam e os que estavam sendo presos usavam botas idênticas. A SQ acabou admitindo que os três indivíduos eram policiais. Além disso, uma requisição sob a lei de acesso à informação revelou que a unidade secreta especial Flagrant Délit tinha 35 oficiais mobilizados unicamente para a Cúpula de Montebello (embora o protesto de cerca de 1.200 pessoas tenha durado apenas algumas horas).[417]

Ainda que o Black Bloc continue vulnerável à infiltração, atuar em grupos de afinidade reduz um pouco o risco de manipulação, pois, em princípio, os membros desses grupos conhecem bem uns aos outros. Além disso, um policial infiltrado nunca poderia subir ao topo da organização e montar uma armadilha para os militantes, muito simplesmente porque não existem posições no "topo", nem mesmo "líderes". Por isso, mesmo com a prisão dos supostos "líderes de quadrilha" em Toronto em 2010 na manhã anterior à manifestação em massa, o Black Bloc pôde quebrar dezenas de janelas. Não é preciso um "líder" para começar um protesto.

Um participante de Black Blocs no Quebec afirmou que "seria ingênuo não considerar que infiltração é possível. Mas os Black Blocs dizem que o que acontece é o contrário: são os grupos moderados que são infiltrados e manipulados pela polícia".[418] De fato, é mais do que provável que organizações reformistas também sejam infiltradas pela polícia, além de que os líderes dessas organizações (incluindo sindicatos) não costumam ver mal em ajudar a polícia, atender às suas recomendações durante o planejamento de mobilizações e oferecer seus próprios seguranças como ajudantes da polícia. Contudo, os líderes de grupos progressistas institucionalizados ou parlamentares vivem afirmando que a polícia manipula os Black Blocs. Esses grupos acham proveitoso desacreditar os anarquistas. Para citar Victor Serge, um anarquista e, posteriormente, comunista do começo do século XX:

Contra seus inimigos, os anarquistas — esses incômodos eternos —, os políticos sociais-democratas vivem usando a arma mais vil e mortal: a calúnia [...] É uma tradição e uma tática [...] Basta um anarquista, levado ao limite pelos tormentos cotidianos do povo honesto, cometer um ato para que se ouçam gritos de "provocador!". Você é proibido de se mover à pena de ser caluniado. Você é proibido de se rebelar contra o arbitrário à pena de ser taxado de espião.[419]

Depois que se espalham os rumores e a dúvida está semeada na mente da população, como distinguir o verdadeiro do falso?[420]

PERFIS POLÍTICOS

A violência dos Black Blocs e de seus aliados põe em movimento um mecanismo aparentemente simples: repressão e brutalidade policial.[421] Não deve ser uma surpresa que, depois de vitrines terem sido quebradas e objetos lançados contra cidadãos de uniforme, eles não deixam o assunto ser resolvido na sorte. Afinal, os manifestantes quebraram a lei conscientemente e, às vezes, alvejaram a própria polícia. E, se há alguém que rejeita a não violência dogmática, esse alguém é sem dúvida a polícia. Os black blockers devem considerar seriamente as consequências de suas ações para os outros manifestantes, mas seria um erro considerá-los responsáveis pelas decisões tomadas pela polícia.

A dinâmica entre os ativistas e a polícia é, na verdade, muito complexa, e a violência policial nem sempre surge em resposta à dos manifestantes. Em outras palavras, a polícia não precisa da presença de um Black Bloc como desculpa para atacar os manifestantes. Em diversas ocasiões, eles atacam, ferem e prendem, por pura e espontânea vontade, pessoas que não representam uma ameaça objetiva. O uso da força pelos manifestantes pode aumentar o risco de brutalidade policial e prisões, mas, fora isso, é difícil encontrar uma correlação. Em algumas ocasiões, a polícia demonstrou um grande nível de tolerância em relação a certos delitos, mas, em outras, atacaram e reprimiram manifestantes completamente pacíficos. Durante a greve estudantil de 2012 no Quebec, cerca de 3.500 pessoas foram presas, muitas durante confusões em manifestações pacíficas; porém, também houve situações em que os policiais permitiram que manifestações continuassem mesmo com objetos sendo atirados contra eles.[422]

Em outras palavras, os policiais sempre podem decidir intervir ou não e, se intervirem, usar essa ou aquela arma específica com maior ou menor grau força. Em Montreal, em 26 de abril de 2002, uma manifestação com cerca de 500 pessoas contra uma reunião preparatória de ministros do trabalho do G8 nunca chegou a acontecer porque a polícia atacou a multidão antes que a passeata começasse, prendendo todo mundo, desde manifestantes até transeuntes. Em Gênova em 2001, a polícia chutou e bateu com cassetetes de maneira brutal em um grande número de manifestantes não violentos, como confirmado por depoimentos e imagens televisionadas.[423]

Em Seattle, fotos tiradas por ativistas e pela polícia indicam claramente que os ataques do Black Bloc contra empresas e bancos começaram *horas depois* de os policiais dispersarem à força manifestantes não violentos que estavam bloqueando as ruas e as entradas para o centro de conferência.[424] Na Cúpula da Cooperação Econômica Ásia-Pacífico (APEC) em Vancouver, ativistas foram presos por segurarem cartazes em que se liam "Liberdade de expressão" e "Democracia".[425]

A psicologia individual dos policiais pode explicar parte da repressão e da violência, mas a polícia não deve ser censurada com argumentos frequentemente usados para condenar os Black Blocs — que eles usam a violência por puro prazer sádico. Os policiais, em especial na América do Norte, conduzem prisões em massa "preventivas" para manter sua imagem pública. Temendo que incidentes de "vandalismo" os façam receber críticas do público, eles optam pela "prevenção". Pesquisas de sociólogos e cientistas políticos chegaram à conclusão que os policiais estão mais dispostos a recorrer à violência se souberem que estão enfrentando grupos políticos considerados "fora dos padrões" ou "marginais" por representantes do Estado e atores políticos que o Estado vê como responsáveis.[426] Isso é o *estabelecimento de perfis políticos.*[427]

Em um estudo comparativo com mais de mil manifestantes realizado em Vancouver, Toronto e Montreal, o sociólogo Patrick Rafail observou que as culturas policiais variam de uma cidade para outra. Ele observou que prisões em massa são mais frequentes em Montreal e que 22% das manifestações naquela cidade envolveram prisões, ao passo que Toronto apresentou 10% e Vancouver 4%.[428] Ele concluiu que o que os manifestantes realmente fazem (ou deixam de fazer) não é o fator principal na brutalidade da polícia. Em vez disso, em Vancouver, é a relação de uma manifestação com grupos de contracultura, ao passo que, em Toronto, é a identificação do evento com o radicalismo. Em Montreal, é o tema específico da manifestação que aumenta o risco de brutalidade policial; a polícia de lá abomina manifestações contra o capitalismo... ou contra a brutalidade da polícia.[429] Em cada uma dessas cidades, o principal determinante da brutalidade policial é quem são os manifestantes aos olhos da polícia, e não as ações ou falta de ações deles.

Ao longo dos anos, agências de inteligência e a polícia, assim como alguns acadêmicos, conseguiram construir publicamente a imagem do "anarquista criminoso" como uma ameaça à segurança pública ou — pior — um prototerrorista, quando não um verdadeiro terrorista.[430] Em seu estudo sobre a repressão policial no movimento alterglobalização no Canadá e nos Estados Unidos, Luis A Fernandez se referiu a isso como o "retrato do anarquista violento", que é adotado tanto pela mídia como pela polícia.[431]

O Black Bloc representa um papel significativo nessa relação, pois encarna completamente a imagem do anarquista violento e criminoso. Sobre essa ameaça, os jornais vivem reproduzindo rumores, cuja fonte é muitas vezes a própria polícia. No inverno de 2002, pouco antes do Fórum Econômico Mundial em Nova York, o *New York Daily News* anunciou que a polícia estava preocupada com a possível presença de "Black Blocs". O mesmo boato foi publicado no *Calgary Herald*, algumas semanas antes da Cúpula do G8 em Kananaskis em 2002: "Um relatório recém-obtido, preparado pelo Serviço de Inteligência de Segurança Ca-

nadense, diz ser provável que elementos de Black Blocs radicais que causaram tumulto em cúpulas internacionais anteriores se organizem para a conferência".[432]

Não raro, os jornais se enfurecem por conta própria, sem qualquer ajuda da polícia. Por exemplo, após a morte de Margaret Thatcher, o *Mail Online* publicou um artigo com a seguinte título sensacionalista: "Black Bloc: nome do sinistro grupo que planeja sabotar o funeral da baronesa Thatcher com a 'reencenação' dos protestos contra a poll-tax".[433] Como vimos, o Black Bloc pode constituir uma ameaça à ordem pública, mas essa imagem é muitas vezes amplificada pela mídia e pelas autoridades, e tem um impacto direto na intensidade da repressão.

Em preparação à Cúpula do G8 de 2010 em Huntsville, Ontário, marcada alguns dias antes da Cúpula do G20 em Toronto, o Joint Intelligence Group preparou um relatório (disponibilizado no site da CBC/Radio-Canada) que identificou as várias ameaças de "extremistas criminosos motivados por diversas ideologias radicais", incluindo "variantes do anarquismo, anarcossindicalismo, niilismo, socialismo e/ou comunismo". O relatório apontava que "a existência dessas ideologias e das invectivas proferidas por elas não é, em si, problemática", e que "diferenças de opinião são intrínsecas a qualquer sistema democrático. O centro do problema, porém, é a evolução dessas diferenças filosóficas para a apologia à atividade criminosa [...] Considerando-se a alta visibilidade da filosofia política da anarquia nesse

Foto da página anterior: Polícia foge depois de sua tentativa de prender manifestantes do Primeiro de Maio ser respondida com pedradas, Berlim, 1º de Maio de 1989. (Reproduzida com a permissão de Umbruch Bildarchiv.)

meio, é importante observar que os anarquistas buscam uma destruição da lei, da ordem e do governo como um precursor para a imposição da anarquia".[434] Este último comentário sugere que o anarquismo ameaça diretamente destruir o Estado porque é isso que sua filosofia política propõe, e é apenas a fraqueza das redes anarquistas que as impede de realizar a "imposição da anarquia".[435]

Em sua avaliação de 2012 sobre os acontecimentos da Cúpula do G20 em Toronto, Jeffrey Monagham e Kevin Walby propuseram o conceito de "ampliação da ameaça" para descrever esse processo.[436] Trabalhando com alguns meios de comunicação e ativistas (como o G20 Research Group), eles usaram a lei de acesso à informação para obter diversos documentos relativos às preparações da polícia para a Cúpula do G20, incluindo anotações para uma sessão de treinamento de três horas intitulada "G20 Face to Face — Front Line Officer Training" [G20 frente a frente — Treinamento de oficiais na linha de frente], que havia sido oferecido a policiais que seriam posicionados nas ruas. Uma seção, intitulada "Protestors vs. Anarchists" [Manifestantes *vs.* anarquistas], distinguia entre manifestantes legítimos de um lado e anarquistas criminosos de outro. A sessão de treinamento fazia referência explícita ao Black Bloc e os participantes eram incentivados ao fim da sessão a irem "para casa ou para a delegacia e pesquisarem o Black Bloc no Google, ver seu comportamento, suas roupas e ouvir suas motivações".[437] Segundo Monaghan e Walby, as atividades de vigilância e inteligência anteriores aos eventos resultaram em uma "ampliação da ameaça" que afetou a prática de estabelecimento de perfis políticos.[438]

No julgamento de um cidadão de Toronto que havia sido preso durante as manifestações enquanto estava a caminho de um show, o sargento que o prendeu depôs que havia recebido treinamento sobre os Black Blocs e achou que, como o acusado estava vestido de preto, ele se encaixava na descrição. Essa declaração foi apoiada por um detetive que foi chamado como testemunha. Para Monagham e Walby, esse é um exemplo típico do efeito problemático da "ampliação da ameaça". O acusado havia passado por uma revista completa e detido por dois dias antes de ser liberado com uma fiança de C\$25 mil e mantido em prisão domiciliar na casa de seu padrasto, que pagara sua fiança. Levou mais de um ano desde a prisão para que essas condições fossem eliminadas.[439]

Além da preparação da polícia, o Estado monta um sistema de segurança repressor e um aparato "antiterrorista"; pelo visto, isso não incomoda a parte da população que, por causa dos discursos mentirosos provindos de diversos lugares, treme com a simples ideia de "jovens vândalos anarquistas" "cujo único objetivo é destruir tudo". Apesar de a violência e a destruição envolvidas nas ações de anarquistas e Black Blocs serem relativamente pequenas, as autoridades políticas do Ocidente conseguiram propagar, ao longo do tempo, uma figura do anarquista como um verdadeiro "inimigo interno".[440] Isso serve para justificar as operações "preventivas" da polícia contra supostos potenciais ativistas, um objetivo atingido pela "identificação prévia" e por um grau de criminalização incompatível com as ações dos anarquistas.[441]

Em 2008, na França, uma operação "antiterrorista" na vila de Tarnac atacou um grupo de *anarcho-autonomes* que teriam participado dias antes de um Black Bloc em Vichy, além de terem supostamente planejado sabotar uma linha de trem.[442] O incidente causou uma comoção e os acusados foram mantidos presos por vários meses, embora, no fim, a investigação tenha se revelado cheia de irregularidades.[443]

Os indícios são de que os delitos atribuídos aos *anarcho--autonomes* não mereciam esse grau de atenção; foi o que um jurista francês notou, ao comentar que os manifestantes mais violentos na França atualmente são os "agricultores".[444] Alguns vinicultores chegaram até a se envolver em ações clandestinas como colocar bombas e destruir prédios públicos.[445] O objetivo da operação policial em Tarnac parecia ser, acima de tudo, político: construir a imagem de um "ultraesquerdista", um "inimigo interno".[446] Portanto, mais do que as ações dos Black Blocs, são suas ideias e retóricas radicais que geram a repressão massiva.[447] Esse não é um fenômeno novo.

Em agosto de 2001, Jürgen Storbeck, chefe da Interpol, declarou que os famosos Black Blocs de anarquistas podem ser considerados "terroristas ou pré-terroristas".[448] Nos Estados Unidos, faz muito tempo que o FBI considera os militantes anarquistas como terroristas "internos" em potencial, como indicado nos relatórios apresentados a comitês do Senado em 2001 e 2002.[449] Depois de uma reunião do comitê sobre terrorismo do Conselho da UE realizada em 13 de fevereiro de 2002 (ou seja, em meio a histeria provocada pelos ataques de 11 de setembro de 2001), a situação dos anarquistas e de outros radicais começou a apertar. Segundo uma nota preparatória, "este comitê vem notando um aumento gradual, em várias cúpulas da União Europeia e outros eventos, da violência e do dano criminoso orquestrados por grupos extremistas radicais, claramente *aterrorizando* a sociedade".[450] Mais recentemente, durante as manifestações contra o TAV no Vale de Susa, na Itália, em meados de 2011, o ministro do interior, Roberto Maroni, falou da "violência de caráter terrorista".[451]

O radicalismo vem sendo igualado a terrorismo para desacreditar até ações menos "violentas" que as dos Black

Blocs. Exemplos incluem o agricultor e ativista José Bové "destruindo" um McDonald's. Max Clos, do jornal francês *Le Figaro*, refletiu sobre a semelhança entre a ação direta de Bové, conduzida "sob o pretexto de combater a globalização", e os ataques de 11 de setembro, antes de acrescentar: "Obviamente, isso não tem a mesma escala que os ataques a Nova York, mas ambas têm o mesmo espírito". Bové não seria nada menos do que um clone de Osama bin Laden.[452] Jornalistas e colunistas da imprensa recorrem ao mesmo tipo de lógica. Nos Estados Unidos, Michelle Malkin, da *Capitalism Magazine*, opina que "os titereiros anticapitalistas de cabeça oca de hoje atirando pedras são o John Walker Lindhs de amanhã", fazendo uma referência ao jovem norte-americano que entrou para o Taliban com o nome Abdul Hamid e foi preso pelo exército dos EUA durante a invasão ao Afeganistão.[453] Essa equação é feita para mostrar aos leitores uma relação supostamente lógica entre, por exemplo, uma pedrada contra uma janela de banco, sem vítimas, e aviões lançados contra arranha-céus em Nova York, com milhares de mortes. O mesmo tema é encontrado na *Figaro Magazine*, em que Alain Gérard Slama estabelece uma relação entre o 11 de setembro e os Black Blocs:

É difícil não fazer uma relação entre o ataque que acabou de abalar a Meca do capitalismo mundial e a intensificação dos movimentos antiglobalização [...] todos eles contestam o Estado democrático liberal [...] Por enquanto, os vândalos da extrema-esquerda dos Black Blocs [...] são apenas alguns milhares. Só os cegos podem se recusar a ver a rapidez com que a doença está se espalhando.[454]

Daria para pensar que Osama bin Laden e Mullah Omar, do Taliban, teriam formado um grupo de afinidade e, usando capuzes pretos, circulavam incógnitos entre os

Black Blocs.[455] Em uma veia parecida, depois que quatro bombas explodiram em Londres em julho de 2005, um ataque conduzido por islâmicos para coincidir com a Cúpula do G8 na Escócia, Tim Dunn, chefe do departamento de ciência política na Universidade de Exeter, publicou um artigo intitulado "Anarquistas e Al-Qaeda". Nele, ponderou sobre "o que distingue a violência usada pelos anarquistas anticapitalistas escoceses das táticas empregadas pela Al--Qaeda em seus ataques".[456] Contudo, os Black Blocs *não* têm os mesmo valores políticos e morais dos terroristas islâmicos, nem (obviamente) recorrem aos mesmos meios.

Uma matéria da BBC sobre o Black Bloc egípcio, envolvido nos protestos em massa contra o governo da Irmandade Muçulmana em janeiro de 2013, disse que:

o canal de TV afiliado à Irmandade Muçulmana, Misr 25, relatou em 26 de janeiro que o Black Bloc era "parte de movimentos ditos revolucionários, como o anarquismo e os Socialistas Revolucionários [trotskistas egípcios]. Esses movimentos rejeitam a existência de qualquer sistema político, jurídico ou parlamentar. Eles pedem sociedades sem Estado. Para conseguir isso, adotam todas as formas de atos violentos e bárbaros, como assassinatos e incêndios. Esses grupos anarquistas de sabotagem não são grupos revolucionários. Na verdade, usam a revolução como justificativa para causar caos".[457]

Em comparação com um Black Bloc, um batalhão da tropa de choque do Cairo ou de qualquer outra cidade é muito mais equipado e violento. E consideremos, também, a disciplina e a obediência que o Estado impõe a seus defensores assalariados. Dos milhares de cidadãos uniformizados usados ao longo dos anos para proteger as grandes cúpulas em que líderes se encontraram a portas fechadas para discutir os modos de expansão do capitalismo, quantos mostraram a menor hesitação ou expressaram a mais leve e democrática dúvida? Quantos se recusaram a atacar outros cidadãos? Quando repetem o mantra de que os "vândalos" não passam de "jovens" irracionais que entram na briga por puro desejo de "quebrar tudo", os porta-vozes do Estado, os grupos sociais democratas e os jornalistas estão apenas incitando a histeria pública e alimentando a demanda de maior violência policial contra os "vândalos". Ao fazer isso, estimulam a obediência policial, incentivam o desprezo da polícia por cidadãos vestidos de preto e promovem a violência repressora.

Ao se esforçar para se dissociarem dos "baderneiros" a todo custo e negar-lhes qualquer relevância política, os porta-vozes de organizações progressistas criam um vácuo político em torno desses "jovens vândalos" e reforçam sua identificação social como elementos marginais, fora dos padrões. Dessa forma, os policiais entendem que estão livres para agir como bem entenderem e, com muita frequência, são levados pelo entusiasmo da repressão, atacando Black Blocs não violentos, e brutalizando e prendendo grandes números de manifestantes pacíficos.

VIOLÊNCIA DO ESTADO

A violência da reação policial nas várias cúpulas e contracúpulas foi muitas vezes desproporcional em relação às ações dos Black Blocs. A polícia sabe muito bem que os black blockers representam uma ameaça marginal, que suas ideias políticas são consideradas "fora dos padrões" e que eles não têm aliados entre as forças políticas "respeitáveis". O número de policiais pode ser desproporcional, mas vem com orçamentos, que são lucrativos para as unidades de polícia e policiais individuais (na forma de pagamento por hora). Houve 6 mil policiais no Quebec para a Cúpula das Américas de 2001 (além de 500 soldados mantidos em reserva); 16 mil policiais e soldados na Cúpula da UE em Tessalônica em 2003; 12 mil policiais na Cúpula do G8 de 2005 na Escócia; 21 mil na Cúpula do G8 no Japão; 13 mil na Cúpula do G8 na Alemanha em 2007; 4 mil na Cúpula do G20 de 2009 em Pittsburgh; 10 mil policiais franceses e 14 mil alemães na Cúpula da Otan em 2009 em Estrasburgo; 15 mil na Cúpula do G8 de 2009 na Itália; 20 mil nas Cúpulas do G8 e do G20 em Ontário em junho de 2010; e 10 mil na Cúpula do G8 em Deauville em maio de 2011.

A resposta policial desproporcional também fica clara no equipamento usado. Os milhares de policiais mobilizados para todo grande evento são equipados com capacetes, escudos, uniformes à prova de chamas, armas com balas de borracha, bombas de fumaça, gás lacrimogênio e armas de fogo, e são apoiados por cães, cavalos, viaturas blindadas, armas sônicas, helicópteros, prisões e assim por diante. Eles também podem contar com a ajuda de agências de inteligência e das forças armadas. Na repressão que vem a seguir, muitos manifestantes sofrem ferimentos graves, incluindo fraturas no crânio, nos braços e nas pernas, além de dentes quebrados. Em uma das noites durante a Cúpula do G8 em Gênova, a polícia italiana invadiu a escola Diaz, onde o centro de convergência estava alocado, e prendeu todas as 91 pessoas no local, 60 das quais foram tão espancadas que tiveram de ser removidas em ambulâncias e levadas diretamente ao hospital.[458] O número de prisões também é desproporcional: houve 601 em Seattle em 1999 (encontro da OMC) e outras 30 como resultado de investigações posteriores aos eventos; 420 na Filadélfia em agosto de 2000 (Convenção Nacional Republicana); 859 em Praga em setembro de 2000 (reunião do FMI e do Banco Mundial);

463 no Quebec em abril de 2001 (Cúpula das Américas); 539 em Gotenburgo em junho de 2001 (Cúpula da UE); 329 presos e um morto em Gênova em junho de 2001 (Cúpula do G8); 283 prisões em Miami em novembro de 2003 (Cúpula da Alca); 1.821 em Nova York em agosto e setembro de 2004 (convenção do Partido Republicano); 358 na Escócia em 2005 (Cúpula do G8); cerca de 200 na Rússia, às vésperas da Cúpula do G8; 1.057 na Alemanha em 2007 (Cúpula do G8); 464 em Estrasburgo em abril de 2009 (Cúpula do G20); 190 em Pittsburgh em 2009 (Cúpula do G20); 1.200 em Copenhague em novembro de 2009 (Cúpula de Mudança Climática); e 1.118 em Toronto em junho de 2010 (Cúpula do G20), com outras 48 como resultado de investigações posteriores aos eventos.[459]

Além disso, a polícia não hesita em dar informações erradas ao público, exagerando o tamanho dos "arsenais" encontrados em posse dos Black Blocs e seus aliados. Isso é muito comum quando se trata de grupos políticos radicais. Depois de manifestações em que foram realizadas prisões, as forças policiais encenam uma revelação dos "espólios de guerra" e a mídia é convidada a tirar fotos de uma mesa em que está disposta uma variedade impressionante de equipamentos de ativistas. Isso aconteceu na Itália em 2011 depois das manifestações contra a construção de uma linha de trem-bala no Vale de Susa.[460] Também acontece com frequência em Montreal e aconteceu em Toronto depois da Cúpula do G20 de 2010. No entanto, qualquer observador atento pode notar que os vários objetos em exibição não costumam ser ofensivos: grampeadores e tesouras (para fazer cartazes), chocalhos, panelas, potes e baquetas (para tocar música), pedaços de pau para erguer cartazes e bandeiras, alto-falantes e até garrafas de água.

A polícia se esforça para ampliar a ameaça representada

Black Blocs enfrentam canhão de água nos protestos do Quebec contra a Cúpula das Américas, abril de 2001. (Joseph Tohill.)

pelos manifestantes em geral e pelos Black Blocs em particular.[461] Uma das raras ocasiões em que os jornalistas não acreditaram cegamente na polícia aconteceu em Toronto depois da Cúpula do G20; a polícia foi obrigada a admitir que uma cota de malha e algumas flechas com pontas almofadadas não tinham nada a ver com as manifestações, mas pertenciam, na verdade, a um entusiasta de imitações medievais que havia sido apreendido com sua parafernália enquanto estava a caminho de encontrar os colegas. A polícia teve de admitir o mesmo a respeito de uma motosserra e de um arco que também haviam sido apreendidos. Várias outras "armas" exibidas eram muito menos perigosas: "bandanas, skates e capacetes de bicicletas, bolas de golfe, bolas de tênis, óculos, cordas e walkie-talkies".[462]

Também com a intenção de manipular a opinião pública, dessa vez no contexto dos protestos contra o FMI e o Banco Mundial em Washington, D.C, em 16 e 17 de abril de 2000, a polícia declarou ter apreendido, no centro de convergência dos ativistas, materiais usados para fabricação de spray de pimenta e coquetel Molotov. Posteriormente, admitiu que a pimenta era um ingrediente para gaspacho e as garrafas eram de plástico. Em Montreal, em 26 de abril de 2002, após as prisões em massa realizadas antes que uma passeata contra uma reunião preparatória entre os ministros do trabalho do G8 pudesse começar, o porta-voz da polícia André Durocher usou o mesmo artifício, segurando garrafas plásticas para as câmeras e alegando que eram coquetéis Molotov. Na verdade, um coquetel Molotov é uma garrafa cheia de gasolina com um pavio; para funcionar, precisa quebrar ao cair; por isso, precisa ser de vidro.

A invenção da polícia deveria talvez ser apelidada de "coquetel Durocher", visto que seu único objetivo era inflamar a opinião pública e destruir a credibilidade de movimentos sociais. O mesmo Durocher afirmou que uma das pessoas presas estava em posse de uma pistola. Isso era verdade, mas apenas dias depois a polícia revelou que o indivíduo em questão não tinha qualquer relação com os manifestantes.

Em 2002, durante manifestações em Washington mais uma vez contra o FMI e o Banco Mundial, a polícia declarou que havia apreendido bombas que os manifestantes estavam carregando. No dia seguinte, a polícia admitiu que não havia bombas. Na Cúpula do G8 em Gênova em julho de 2001, a polícia italiana, que no meio da noite havia esvaziado brutalmente o centro de convergência, declarou que tinha encontrado coquetéis Molotov. Muitos meses depois, depondo diante de um inquérito público, os policiais admitiram ter plantado os coquetéis Molotov no local.

Na Filadélfia, durante mobilizações contra a convenção do Partido Republicano, um comandante da polícia afirmou ter apreendido explosivos e balões cheios de ácido em um depósito onde os ativistas estavam, na verdade, fazendo bonecos gigantes. Durante o mesmo evento, a polícia também anunciou ter interceptado uma van transportando cobras venenosas e répteis, que seriam soltos nas ruas. A van na verdade pertencia ao dono de um pet shop. A polícia também afirmou que os policiais tinham sido atingidos com ácido e que foram encontradas "bombas de gelo seco" na cidade. Nenhuma dessas histórias era verdade.[463] Em suma, a polícia exagera a ameaça representada por manifestantes para justificar a repressão e, em alguns casos, prisões em massa. Quando as declarações falsas são corrigidas, o interesse público nos eventos já se dissipou e os jornalistas mostram pouco interesse pelas novas informações.

A repressão pode ser fatal. Em Gotemburgo, a polícia disparou balas de verdade e feriu gravemente vários manifestantes. Em Gênova, Carlo Giuliani, que não estava de preto, brandiu um extintor de incêndio na direção de um veículo da polícia; em resposta, um oficial o matou com duas balas na cabeça à queima-roupa. Em seguida, o jipe da polícia passou duas vezes sobre o corpo inerte do rapaz. No dia seguinte, porém, os chefes de Estado do G8 denunciaram a "violência cega" dos *manifestantes*; e, enquanto isso, progressistas não violentos, normalmente tão rápidos em se distanciar dos "vândalos", não pareceram ter reservas em se apropriar da memória de Carlo Giuliani, louvando-o como um mártir da causa comum. Em Londres em 2009, durante a Cúpula do G20, um transeunte morreu de ataque cardíaco depois de ser golpeado por um policial.

No início dos anos 2000, o World Development Movement, em seu estudo sobre manifestações realizadas em países em desenvolvimento especificamente para denunciar as decisões tomadas pelo FMI e pelo Banco Mundial, concluiu que dezenas de pessoas haviam sido mortas pela polícia ou pelas forças armadas e que os feridos ou presos chegavam aos milhares.[464] Apresentamos aqui dois casos específicos. Em fevereiro de 2001, quatro pessoas, incluindo uma de 14 anos de idade, foram mortas na Amazônia Equatorial quando o exército dispersou uma manifestação de um povo indígena envolvido numa campanha contra um plano de restruturação elaborado pelo FMI (segundo o qual 50% do orçamento nacional seria destinado ao pagamento da dívida do país). E, na Argentina em 2001, cerca de 30 manifestantes foram mortos durante uma onda de protestos contra a crise econômica e financeira do país. Como os jornalistas do Ocidente desconheciam completamente esses massacres, eles se sentiram livres para descrever, de maneira unânime, a morte de Carlo Giuliani como "a primeira morte na história de um manifestante antiglobalização", para citar o *France 2* (21 de julho de 2001).

As empresas que fabricam e vendem armas antimanifestantes fazem referência à eficácia repressora ao alardear a qualidade de seus produtos. Por exemplo, fotos tiradas na Cúpula do G20 de 2010, em Toronto, foram usadas para fins promocionais pela Mawashi, uma fábrica de equipamentos protetores para a polícia.[465] Essa empresa também usa as fotos em seu site, onde faz referências a manifestações alterglobalização: "13 mil policiais empregados na Cúpula do G8 de 2007 na Alemanha; 433 feridos. Como saber se sua tropa de choque está preparada para o trabalho? Se tiver a proteção de impacto CSA z617, pode confiar".[466]

O site da Police Ordnance, fabricante e distribuidora de armas de Ontário cujos produtos foram usados no Quebec em abril de 2001, apresentou o equivalente a uma ode à repressão. O texto elogiava a RCMP e a SQ por seu excelente trabalho na repressão de centenas de milhares de manifestantes, gabando-se que o gás lacrimogênio havia dissuadido a maioria dos arruaceiros em potencial, enquanto outros foram alvos fáceis de balas de borracha disparadas pelas armas ARWEN37 e ARWENACE da empresa. Além de exaltar os produtos da empresa, o site citava observadores presentes no local que parabenizavam a polícia do Quebec por seu alto nível de profissionalismo.[467] Assim, no mundo absurdo denunciado por manifestantes anticapitalistas, sua própria repressão serve como propaganda para as armas usadas para reprimi-los.

Em ação, os batalhões de Black Blocs e os de cidadãos uniformizados pagos pelo Estado encarnam duas visões de mundo, duas concepções diametralmente opostas de seres humanos: na extrema-esquerda, indivíduos livres e iguais; na extrema-direita, indivíduos obedientes e desiguais. Enquanto isso, o discurso público atual confunde as mentes e distorce a realidade, a ponto de muitas pessoas associarem os manifestantes à loucura e ao caos, e a polícia à liberdade e à igualdade. Os espectadores, muito bem enganados e assustados por esse discurso, aplaudem quanto ouvem que, depois de dispersar violentamente os manifestantes, os defensores da autoridade e da hierarquia, da lei e da ordem, continuam tendo controle agora e sempre.

No fim da edição em francês deste livro de 2007, escrevi: "É verdade que a mídia está prestando menos atenção a essa tática [o Black Bloc] e que as manifestações em

Black blockers e outros manifestantes devolvem granadas de gás lacrimogênio durante a Cúpula das Américas no Quebec, abril de 2001. (Patrick J Connor.)

massa — que, na verdade, estão menos massivas do que antes — acontecem em um ambiente um tanto diferente que confunde o sentido das táticas de confronto direto e tende a restringir a liberdade disponível aos ativistas". Em outras palavras, eu achava que essa tática não era tão relevante, em termos de política e ativismo, quanto alguns anos antes. Porém, fechei com essa citação de Daniel Dylan Young:

Independentemente de o Black Bloc continuar existindo enquanto tática ou for abandonado, ele sem dúvida cumpriu seu objetivo. Em alguns lugares e momentos, o Black Bloc conseguiu fortalecer as pessoas para agir em solidariedade coletiva contra a violência do Estado e do capitalismo. É importante que não nos apeguemos de maneira nostálgica a ele como um ritual ou tradição ultrapassada, nem o rejeitemos completamente por ser às vezes inapropriado. Em vez disso, deveríamos continuar a agir de maneira pragmática para atender a nossas necessidades e aos nossos desejos individuais por meio de táticas e objetivos diversos, como forem apropriados ao momento específico. Mascarar-se em um Black Bloc tem sua hora e seu lugar, assim como outras táticas que entram em conflito com ele.[468]

Desde então, a crise econômica agravou e criou uma crise política. Participei de manifestações contra a Cúpula do G20 em Toronto em 2010 e das organizadas durante a greve estudantil no Quebec em 2012. Eu me envolvi com outros anarquistas em discussões sobre suas experiências recentes, no Canadá e em outros países, e, ao preparar esta edição, voltei a mergulhar em declarações e comunicados, fotos e vídeos, debates e artigos de jornal sobre Black Blocs. E cheguei à conclusão de que, para pegar emprestado o lema das revoltas na Grécia, o Black Bloc talvez seja "uma imagem do futuro". E, como forma de eco, os anarquistas italianos já afirmaram sobre os Black Blocs: "Nós somos o futuro a que vocês deveriam dar ouvidos, a única parte saudável de um país cheio de metástases".[469]

"Somos todos Black Bloc!", protesto em solidariedade contra o G20, Vancouver, Canadá, 4 de julho de 2010. (Stephen Hill.)

Sugestões de leitura

Na internet, há diversos comunicados, cartas e panfletos sobre os Black Blocs. Além disso, o jornal anarquista *Rolling Thunder* (*CrimeThink*) apresenta materiais sobre as ações dos Black Blocs ao redor do mundo escritas por black blockers.

Amster, Randall. *Anarchism Today*. Santa Bárbara: Praeger, 2012.

David Van Deusen e Xavier Massot, eds. *The Black Bloc Papers: An Anthology of Primary Texts from the North American Anarchist Black Bloc 1999–2001*. Oakland: AK, 2002.

Day, Richard J.F *Gramsci Is Dead: Anarchist Currents in the Newest Social Movements*. Londres: Pluto; Toronto: Between the Lines, 2005.

della Porta, Donatella, e Mario Diani. *Social Movements: An Introduction*. 2nd

ed. Oxford: Blackwell, 2006.

Fernandez, Luis A *Policing Dissent: Social Control and the Anti-Globalization Movement*. New Brunswick: Rutgers University Press, 2008.

Gelderloos, Peter. *How Nonviolence Protects the State*. Cambridge: South End, 2007.

Gordon, Uri. *Anarchy Alive! Anti-Authoritarian Politics from Practice to Theory*. Londres: Pluto, 2008.

Graeber, David. *Direct Action: An Ethnography*. Oakland: AK, 2009.

Holloway, John. *Change the World Without Taking Power: The Meaning of Revolution Today*. Londres: Pluto, 2002.

Juris, Jefferey S *Networking Futures: The Movements Against Corporate Globalization*. Durham: Duke University Press, 2008.

Kinna, Ruth. *Anarchism*. Oxford: Oneworld, 2005.

Malleson, Tom, e David Wachsmuth, eds. *Whose Streets? The Toronto G20 and the Challenges of Summit Protest*. Toronto: Between the Lines, 2011.

Milstein, Cindy. *Anarchism and Its Aspirations*. Washington: Institute for Anarchist Studies, 2010.

Shantz, Jeff. *Active Anarchy: Political Practice in Contemporary Movements*. Lanham: Lexington, 2011.

Starr, Amory. *Global Revolt: A Guide to the Movements Against Globalization*. Londres: Zed, 2005.

Starr, Amory, Luis Fernandez, e Christian Scholl, eds. *Shutting Down the Streets: Political Violence and Social Control in the Global Era*. Nova York: NYU Press, 2011.

Thompson, A.K *Black Bloc White Riot: Anti-Globalization and the Genealogy of Dissent*. Oakland: AK, 2010.

Waddington, David P *Policing Public Disorder: Theory and Practice*. Londres: Routledge, 2012.

Wood, Lesley J *Direct Action, Deliberation, and Diffusion: Collective Action After the WTO Protests in Seattle*. Cambridge: Cambridge University Press, 2012.

Notas

[1] "Suffragettes riot, 112 arrested", *New York Times*, 30 de junho de 1909.

[2] Ver, por exemplo, Patrick Tillard, "Une affection bâclée", *Divergences* (agosto de 2006): 6. Web. Tillard também critica o que considera a fraqueza ideológica da análise do fenômeno dos Black Blocs proposta na primeira edição deste livro; ele aproveita a oportunidade (na tradição justificável da extrema esquerda de desconfiar dos acadêmicos) para me insultar e me acusar de oferecer uma "leitura parasítica" dos Black Blocs, cuja luta, sugere ele, eu gostaria de cooptar para meu próprio benefício e para o benefício das forças reformistas.

[3] Entrevista do autor com BB3 em 2002. Para proteger o anonimato dos meus entrevistados, não os identifiquei pelo nome. Na época da entrevista, BB3 tinha 23 anos de idade e havia participado de Black Blocs em manifestações contra uma reunião do G20 em Montreal em novembro de 2000, contra a brutalidade da polícia em Montreal em 15 de março de 2001, e contra a Cúpula das Américas no Quebec em abril de 2001.

[4] Mike Mowbray, "Blogging the Greek Riots: Between Aftermath and Ongoing Engagement", *Resistance Studies* 1 (2012).

[5] Entrevista em "Toronto: Le Black Bloc passe à l'action", 14.

[6] Stephen Moss, "Black Bloc: 'Only Actions Count Now' ", *The Guardian*, 31 de março de 2011. Web.

[7] BB2, entrevistado pelo autor em setembro de 2002. BB2 tinha 22 anos de idade na época da entrevista. Ele havia participado de Black Blocs durante uma marcha em Westmount (bairro rico de Montreal) em 1º de maio; em um protesto contra uma reunião do G20 em Montreal em novembro de 2000; e em uma manifestação contra a Cúpula das Américas no Quebec em abril de 2001.

[8] Amory Starr, "'(Excepting barricades erected to prevent us from peacefully assembling)': So-called 'violence' in the global North alter-globalization movement", *Social Movement Studies* 5, no. 1 (maio de 2006): 70–71.

[9]Severino, "Has the Black Bloc tactic reached the end of its usefulness?", *Common Struggle / Lucha Común*, 18 de novembro de 2002. Web.

[10]CrimethInc., "Black Bloc: A primer", *Profane Existence* 43 (Summer—Fall 2003): 10.

[11]Ver *A-Infos*, 28 de setembro de 2003. Web.

[12]Robert Booth e Marc Vallé, "'Black Bloc'anarchists behind anti-cuts rampage reject thuggery claims", *The Guardian* (Londres), 1º de abril de 2001. Web.

[13]*Schwabe e M.G v. Germany*, European Court of Human Rights, 5th Section (8 de novembro de 2011), 2 (§9).

[14]Florian Gathmann, Jan Grundmann e Philipp Wittrock, "Anarchists in Europe: What unites the stone-throwing Black Bloc?", *Spiegel International*, 12 de novembro de 2008. Web.

[15]Ver "Behind the mask: Violence and representational politics", *Upping the Anti* 11 (n.d.). Web.

[16]Don Peat e Jonathan Jenkins, "And now the cleanup", *Toronto Sun*, 28 de junho de 2010, 12; Joe Fiorito, "Wisdom from the Sunday pulpit", *Toronto Star*, 28 de junho de 2010, GT2.

[17]Kenneth Kidd, "Tear gas fired in rampage", *Toronto Star*, 27 de junho de 2010, A6; Curtis Rush, "Retiring deputy chief calls G20 reaction overblown", *Toronto Star*, 12 de agosto de 2011. Alguns acreditam que a polícia abandonou alguns de seus veículos voluntariamente nas mãos da multidão violenta para, depois, justificar sua repressão. Ver, por exemplo, Arnaud Montreuil, "Lácceptation silencieuse des Québécois: Arrestations du G20", *Le Devoir* (Montreal), 7 de julho de 2010, A7.

[18]"Riot recap: Our bloggers chronicle", *Toronto Star*, 28 de junho de 2010, GT1.

[19]Canadian Press, "Toronto strip club among businesses reimbursed after G20", CBC, 30 de outubro de 2012. Web.

[20]Kidd, "Tear gas".

[21]Kidd, "Tear gas".

[22]"Black Bloc anarchists emerge", BBC, 1º de fevereiro de 2013. Web.

[23]Kayla Young, "Words behind the mask: The 'encapuchados' of Chile's education movement", *I Love Chile*, 25 de outubro de 2011. Web.

[24]Dave Abel et al., "Organized anarchy", *Toronto Sun*, 27 de junho de 2010, 4.

[25]Visite cartacapital.com.br.

[26]Agradeço a Geneviève Pagé pela ajuda na tradução.

[27]Agradeço a Eve-Marie Lampron pela ajuda na tradução.

[28]Inés Santaeulalia, "Grupos anarquistas, la mano que creo el caos en la Ciudad de México", *El Pais*, 2 de dezembro de 2012, M2. Web.

[29]Kathryn Blaze Carlson, "The Black Bloc: A look at the anarchists who could be the biggest G20 security threat", *National Post*, 14 de junho de 2010. Web.

[30]Louis-Gilles Francœur, "Les gyrophares dans la forêt", *Le Devoir* (Montreal), 22 de junho de 2012. Web.

[31]Daryl Lindsey, "The world from Berlin: Putin, Leader of the G-8's Black Bloc", *Spiegel International*, 6 de junho de 2007. Web.

[32]Gord Hill, *The Anti-Capitalist Resistance Comic Book* (Vancouver: Arsenal Pulp, 2012).

[33]Eis um trecho que aparece na contracapa do romance *Un fièvre impossible à negocier*, de Lola Lafon (Paris: Flammarion, 2003): "Então, quando eu estava prestes a cair para sempre, algumas Black Stars me seguraram pelos braços. Somos uma cadeia. Solidária, um bloco, um Black Bloc".

[34]Black Block, visite blackblock.org.

[35]"Black Bloc Portraits series", *Indymedia* (Washington), 24 de janeiro de 2005. Web.

[36]Robert Klaten et al., eds., *Art and Agenda: Political Art and Activism* (Berlim: Gestalten, 2011), 33.

[37]Gérôme Montes, "Mouvements anti-mondialisation: la crise de la démocratie representative", *Études internationales* 33, no. 4 (dezembro de 2001).

[38]Francesco Alberti, "Maalox e ammniaca: La guerriglia dei black bloc", *Corriere Della Sera* (Milão), 4 de julho de 2011, p 3. Agradeço a E.—M Lampron pela tradução.

[39]Jonathan Brown, "Recriminations fly after anti-cuts protests descend into violence", *The Independent* (Londres), 28 de março 2011.

[40]Laurent Mossu, "Des casseurs sèment la terreur à Genève et Lausanne", *Le Figaro* (Paris), 2 de junho de 2003.

[41]"'José Bové viendra!' La police aussi", *Courrier international*, 11 de abril de 2001.

[42]Escritório Federal da Polícia, Departamento Federal de Justiça e Polícia, Serviço de Análise e Prevenção, "Le potentiel de vilolence résidant dans le mouvement antimondialisation", Berne, junho de 2001. Agradeço a Olivier Fillieule por ter me sugerido essa referência.

[43]Rob Granatstein, "Mistreated by cops in riot? Tough luck", *Toronto Sun*, 28 de junho de 2010, 19.

[44]Ian Travis, "Cuts protest: Theresa May to review police powers in after- math of clashes", *The Guardian* (Londres), 28 de março 2011. Web.

[45]Brown, "Recriminations fly".

[46]Ashley Terry et al., "More than 300 protesters charged amidst violent G20 protests", *Vancouver Sun*, 27 de junho de 2010. Web.

[47]Citado em "Verhofstadt et Prodi déplorent la mort d'un manifestant à Gênes", AFP, 20 de julho de 2001 (texto não assinado).

[48]Frédéric Garlan, "Les Huit ne se laisseront pas intimider par les casseurs", AFP, 23 de julho de 2001.

[49]Frédéric Garlan (AFP), "Sommet du G8 : Les Huit affirment qu'ils ne se laisseront pas intimider par les casseurs", *La Presse*, 23 de julho de 2001, p A4.

[50]Donatella della Porta e Lorenzo Zamponi, "Protest and policing on October 15th, global day of action: the Italian case", *Policing and Society* 23, no. 1 (2013): 65–68.

[51]Mark Hume, "Riot investigators overwhelmed by Internet leads", *Globe and Mail*, 24 de agosto de 2012. Web.

[52]"Vancouver police shift blame for riot," CBC, 20 de junho de 2011. Web.

[53]1. Mai in Berlin: Die Stunde der Krawall-Idioten", *Berlin Kurier*, 1º de maio de 2012. Web. Agradeço a BB6 pela tradução.

[54]Um *think tank* de direita preocupado com "terrorismo, extremismo político, guerra e crime organizado".

[55]Granatstein, "Mistreated by cops".

[56]Blaze, "The Black Bloc".

[57]*The World in Your Hands*. Agradeço a Vincent Romani pela ajuda com a tradução.

[58]Pierre Celerier, : "Les manifestants contre le FMI jouent au chat et à la souris avec la police", AFP, 16 de abril de 2000.

[59]"Manifestation pacifique de plus de 30 000 personnes dans les rues de Québec", AFP, 21 de abril de 2001 (texto não assinado).

[60]Pierre Celerier, Op.cit.

[61]"Affrontements entre policiers et manifestants en marge du somme de Göteborg", *Le Monde*, AFP, 15 de junho de 2001.

[62]Christian Spillmann, "Gênes : violences, discorde, les dirigeants du G8 n'ont pas de quoi pavoiser", AFP, 22 de julho de 2001.

[63]Telejornais da TF1, 20 e 21 de julho de 2001.

[64]Dominique Lagarde, Philippe Gite, Blandine Milcent, Éric pelletier e Quentin Rousseau, "Black Blocks : les casseurs de l'antimondialisation",*LÉxpress*, 6 de setembro de 2001.

[65]Sébastien Blanc, "Gênes achève le G8 complètement groggy", AFP, 22 de julho de 2001.

[66]Sébastien Blanc, "La violence des anti-G8 radicaux déferle sur Gênes", AFP, 20 de julho de 2001.

[67]José Carron, "Insaisissables, les Black Blocs effraient et fascinent", *La Tribune de Genève*, 2 de junho de 2003, p 5.

[68]Mark Townsend et al., "Anti-cuts march draws hundreds of thousands as police battle rioters", *The Guardian*, 27 de março de 2011. Web.

[69]"Home secretary Theresa May condemns protest 'thugs' ", BBC, 28 de março de 2011. Web.

[70]Chris Hedges, "The cancer in Occupy", *Truthdig*, 6 de fevereiro de 2012. Web. Para uma defesa do Black Bloc de Oakland, ver *Aragorn!*, ed., "The Anti- Capitalist March and the Black Bloc", *Occupy Everything! Anarchists in the Occupy Movement* 2009–2011 (LBC, 2012), 161–69.

[71]Para uma apresentação das respostas da esquerda e extrema- -esquerda após as ações do Black Bloc em Toronto em 2010, ver o excelente dossiê Xrednick, "La gauche, la casse et le Black Bloc", *Casse Sociale 5* (2010): 17–43. Sobre o tema de Jack Layton, ver Ashley Terry, Linda Nguyen, Mark Kennedy e Carmen Chai, "More than 300 protesters charged amidst violent G20 protests". Web.

[72]Chstian Losson, "Des antimondialistes dans la tactique de l'affrontement "des mouvements anars radicalisent la contestation", *Libération*, 18 de junho de 2001. Ver também Susan George e Martin Wolf, *La Mondialisation libérale*, Paris, Bernard Grasset—Les Échos, 2002, p 167.

[73]"Prospects for revolution: Canadian perspectives 2011", *Fightback: The Marxist Voice of Labour and Youth*, 11 de abril de 2011. Web.

[74]Léonce Aguirre, "'Black Bloc', violences et intoxication", *Rouge*, 5 de junho de 2003.

[75]Joe Fiorito, "Wisdom from the Sunday pulpit", *Toronto Star*, 28 de junho de 2010, GT2.

[76]Existem alguns casos excepcionais de jornalistas que discutem as motivações políticas dos Black Blocs, chegando a fazer referência a comunicados divulgados na internet. É o caso de um artigo assinado

por Ad. G., "Qui sont les hommes masqués et pourquoi leur révolte ?", *La Tribune de Genève*, 2 de junho de 2003, p 5.

[77]Tive a chance de observar os Black Blocs em diversas ocasiões, incluindo as seguintes manifestações: contra os representantes da Frente Nacional francesa em visita a Montreal, em 22 de setembro de 1993; contra o projeto de passeata pan-americana discutido na Cúpula das Américas, no Quebec, em abril de 2001; contra o projeto da Área de Livre Comércio das Américas discutido na Cúpula das Américas em Quebec em abril de 2001; contra o Fórum Econômico Mundial, em Nova York, em janeiro e fevereiro de 2002; contra a Cúpula do G8 no Canadá, em Calgary, em julho de 2002; contra a Cúpula do G20 em Toronto em 2010; e durante a Greve Estudantil do Quebec em 2012 (expecialmente a revolta de Victoriaville, entre outros eventos).

[78]Muitos são retomados na primeira edição deste livro em francês: *Les Black Blocs : La liberté et l'égalité se manifestent* (Montreal: Lux Éditeur, 2003).

[79]"Suffragettes riot, 112 arrested", *New York Times*, 30 de junho de 1909.

[80]Emmeline Pankhurst, *My Own Story* (Londres: Eveleigh Nash, 1912), 12.

[81]Andrew Rosen, *Rise Up, Women!* (Londres: Routledge and Kegan Paul, 1974), 189.

[82]C.J Bearman, "An examination of suffragette violence", *English Historical Review* 120, no. 486 (2005): 365–97; June Purvis, " 'Deeds, not words': The daily lives of militant suffragettes in Edwardian Britain", *Women's Studies International Forum* 18, no. 2 (1995): 91–101; Martha Vicinus, "Male Space and Women's Bodies: The English Suffragette Movement", em *Women in Culture and Politics: A Century of Change*, ed. Judith Friedlander et al. (Bloomington: Indiana University Press, 1986), 209–22.

[83]Virginia Woolf, *Three Guineas (Annotated)*, ed. Mark Hussey, introdução e notas de Jane Marcus (Boston: Harcourt, 2006), 175.

[84]Richard A Rempel, Andrew Brink e Margaret Moran, eds., *The Collected Papers of Bertrand Russell*, vol. 12 (London: Allen and Unwin, 1985), 244; Brian Harrison, "Bertrand Russell: The False Consciousness of a Feminist", *Russell: The Journal of Bertrand Russell Studies* 4, no. 1 (1984): 177.

[85]David Van Deusen, "The Emergence of the Black Bloc and the Movement Towards Anarchism", em *The Black Blocs Papers: An Anthology*

of Primary Texts from the North American Black Bloc 1999–2001, ed. David Van Deusen e Xavier Massot (Green Mountain Anarchist Collective) (Baltimore: Black Clover, 2002), 14.

[86]Ver Dan Berger, *Outlaws of America: The Weather Underground and the Politics of Solidarity* (Oakland: AK, 2006).

[87]*Comme un indien métropolitain : SCALP 1984–1992* (Paris: Réseau No Pasaran, 2005), esp. 45.

[88]Não confundir com movimentos "autonomistas", que lutam pelo reconhecimento de uma cultura nacional ou regional distinta.

[89]Deve-se mencionar o movimento Autonomia da Itália dos anos 1960 e 1970, cujos membros eram ativistas jovens da classe trabalhadora e da extrema-esquerda contrários às posturas do Partido Comunista oficial. Para uma história intelectual do movimento italiano Autonomia, consultar Steve Wright, *Storming Heaven: Class Composition and Struggle in Italian Autonomist Marxism* (Londres: Pluto, 2002).

[90]George Katsiaficas, "The necessity of autonomy", *New Political Science* 23, no. 4 (2001): 547–53.

[91]Barbara Michaud, "L'anarchisme n'est pas un individualisme: l'exemple des squats", *Argument* 3, no. 1 (2000): 110–15.

[92]A.G Grauwacke, *Autonome in Bewegung: Aus den Ersten 23 Jahren* (Berlim: Assoziation A, 2003).

[93]Sina Rahmani, "Macht kaputt was euch kaputt macht: On the history and the meaning of the Black Block", *Politics and Culture* 4 (9 de novembro de 2009). Web.

[94]Franco Fracassi, *Black Bloc: Viaggio nel pianeta nero* (Lecco: Studio, 2011), 25–26.

[95]Rahmani, "Macht kaputt."

[96]Rahmani, "Macht kaputt."

[97]BB4, entrevistado pelo autor em Montreal em 26 de novembro de 2003. Morador de Amsterdam, ele tinha 42 anos de idade na época e havia participado de Black Blocs durante a década de 1980 e no movimento de ocupação na Alemanha e na Holanda. Ver também "Solidarity with Hafenstrasse", *Open Road* 19 (verão 1986): 3.

[98]Esse relato das origens do Black Blocs deve muito a George Katsiaficas, *The Subversion of Politics: European Autonomous Social Movements and the Decolonization of Everyday Life* (New Jersey: Humanities Press International, 1997), que foi resumida e apresentada em uma perspectiva em Daniel Dylan Young, "Autonomia and the Origin of the Black Bloc", visite *A-Infos*. Ver também a seção "Movement Use

of Violence" no Capítulo 5 de Anders Corr, *No Trespassing: Squatting, Rent Strikes, and Land Struggles Worldwide* (Boston: South End, 1999); e Donatella della Porta, "Protest, Protesters, and Protest Policing: Public Discourses in Italy and Germany from the 1960s to the 1980s", em *How Social Movements Matter*, ed. Marco Giugni, Doug McAdam e Charles Tilly (Minneapolis: University of Minnesota Press, 1999): 66–96.

[99]Florian Gathmann, Jan Grundmann e Philipp Wittrock, "Anarchists in Europe—What unites the stone-throwing Black Bloc?", *Spiegel International*, 12 de novembro de 2008. Web.

[100]BB6, entrevistado pelo autor. BB6 é um homem pró-feminista que participou do movimento estudantil no Quebec e do movimento anticapitalista, antifascista e antirracista na Alemanha de 2009 a 2012.

[101]Charles Tilly, "Les origines du répertoire d'action collective contemporaine en France et en Grande-Bretagne", *Vingtième siècle* 4 (outubro de 1984): 89–108; Doug McAdam and Dieter Rucht, "The cross-national diffusion of Movement ideas", *Annals of the American Academy of Political and Social Sciences* 528 (julho de 1993): 56–74.

[102]Ver, por exemplo, Jeremy, "Letter from the Berlin squats", *Love and Rage* 2, no. 4 (abril de 1991): 12; Anarchist Youth Federation, "We're pro-choice and we're riot", *Love and Rage* 3, no. 4 (abril-maio de 1992): 12; Ickibob, "On the Black Bloc", *Love and Rage* (julho-agosto de 1992), reimpresso em Roy San Black Filippo, *A New World in Our Hearts: Eight Years of Writings from the Love and Rage Revolutionary Anarchist Federation* (Oakland: AK, 2003), 39–40.

[103]David Graeber, "Concerning the violent peace-police: An open letter to Chris Hedges", *N 1*, 9 de fevereiro de 2012. Web.

[104]O primeiro centro da Indymedia foi fundado durante a Batalha de Seattle. Ele reuniu estudantes, trabalhadores comunitários e ativistas. Desde então, inúmeras cidades adquiriram sites da Indymedia. Eles operam com base em publicações abertas, ou seja, qualquer pessoa pode publicar textos e imagens diretamente nos sites. Embora não seja inteiramente dedicado à alterglobalização, a rede Indymedia continua sendo uma das fontes mais úteis para obter detalhes sobre os protestos alterglobalização.

[105]Alan O'Connor, "Punk subculture in Mexico and the anti-globalization movement: A report from the front", *New Political Science* 25, no. 1 (2003): 43–53.

[106]Segundo BB3.

[107]A K Thompson, *Black Bloc White Riot: Anti-Globalization and the Genealogy of Dissent* (Oakland: AK Press, 2010).

[108]Elizabeth "Betita" Martinez, "Where was the colour in Seattle? Looking for reasons why the Great Battle was so white", *Colorlines* 3, no. 1 (primavera de 2000). Web.

[109]Geoffrey Pleyers, "Des Black Blocs aux alter-activistes: pôles et formes d'engagement des jeunes altermondialistes", *Lien social et politiques* 51 (spring 2004): 125–26.

[110]Mark LeVine, "The revolution, back in black", *Aljazeera*, 2 de fevereiro de 2013. Web.

[111]Mary Black, "Letter from inside the Black Bloc", 24 de junho de 2001. Web.

[112]Ver crítica de David Tough, "The civil rights movement and the Black Bloc", *Upping the Anti* 12 (2011): 12.

[113]Stephen Moss, "Black Bloc: 'Only Actions Count Now' ", *The Guardian*, 31 de março de 2011. Web.

[114]Robert Booth e Marc Vallé, " 'Black Bloc' anarchists behind anti--cuts rampage reject thuggery claims", *The Guardian* (London), 1º de abril de 2001. Web.

[115]Centre des médias alternatifs du Québec (CMAQ), "Manifeste du Carré Noir". Web.

[116]ACME Collective, "N30 Black Bloc communiqué", 4 de dezembro de 1999. Web.

[117]Isso é confirmado em Van Deusen, "The Emergence of the Black Bloc", 15.

[118]O mesmo processo de deliberação pode ser visto em ação na decisão dos ocupantes europeus de adotar métodos mais agressivos de luta. Ver Corr, "Movement use of violence?", em Corr, *No Trespassing*.

[119]BB2, entrevistado pelo autor. A mesma observação foi feita por militantes franceses em Clément Barette, *La pratique de la violence politique par l'émeute: le cas de la violence exercée lors des contre-sommets* (M.A thesis, Université de Paris I–Panthéon-Sorbonne, 2002), 93.

[120]Para uma discussão aprofundada sobre grupos de afinidade, ver Francis Dupuis-Déri, "Anarchism and the politics of affinity groups", *Anarchist Studies* 18, no. 1 (2010).

[121]Entrevista publicada sob o título "Toronto: Le Black Bloc passe à l'action", *Casse sociale* 5 (2010): 15.

[122]BB7, mulher de 26 anos de idade entrevistada em Montreal em 2013. Como moradora de uma pequena cidade do Quebec, ela descobriu os Black Blocs assistindo reportagens de TV sobre a greve estudantil de 2005, quando começou a participar de manifestações, entrando posteriormente em diversos Black Blocs durante a greve estudantil de 2012.

[123]Entrevista com GA7, conduzida em Paris em junho de 2003. Mulher, 24 anos. Moradora de Boston. Participou de seu primeiro grupo de afinidade em 2001 durante a ocupação das salas administrativas de Harvard para exigir melhores condições de trabalho para os superintendentes. Participou de outros grupos durante protestos contra o Fórum Econômico Mundial em Nova York (fim de 2002), contra a guerra no Iraque (em Boston em 2003) e contra o G8 na França (junho de 2003).

[124]A possibilidade de impedir que o poder informal seja exercido é provavelmente a crítica mais ouvida contra o anarquismo. Anarquistas e outros antiautoritários, como as feministas radicais dos anos 1970, examinaram essa questão e propuseram diversas soluções. Sobre o problema do poder informal, ver, por exemplo, Jo Freeman, "The Tyranny of Structurelessness", em *Quiet Rumors: An Anarcha-Feminist Reader*, ed. Dark Star (Oakland: AK, 2002), 54–62. Para um exame recente da questão da autoridade em grupos anarquistas, ver Philippe Coutant, "L'autorité dans les groupes militants, les groupes libertaires?", *Les Temps maudits* 12 (2001). Web. Esse texto propõe soluções e procedimentos para reduzir a desigualdade de poderes informais. Outro que faz o mesmo é Morjane Baba, *Guérilla Kit: ruses et techniques des nouvelles luttes anticapitalistes* (Paris: La Découverte, 2003), 151–61. Outro ainda é Per Herngren, *Path of Resistance: The Practice of Civil Disobedience* (Filadélfia: New Society, 1993), 149–92.

[125]ACME Collective, "N30 Black Bloc communiqué".

[126]Lesley J Wood, "Breaking the bank and taking to the streets", *Journal of World-Systems Research* 10, no. 1 (2004): 3–23.

[127]Em *Après avoir tout brûlé . . . Suite au Sommet de l'OTAN à Strasbourg en avril 2009—correspondance à propos de stratégies et émotions révolutionnaires*, 5. Web.

[128]Citado pelo coletivo Wu Ming em "Stop The Encirclement of the Black Bloc". Web.

[129]Em Barette, La *pratique de la violence politique*, 103, 105. Tradução. Sobre o tema da preocupação dos ativistas para não colocar em perigo

outros manifestantes, ver também Amory Starr, " '(Excepting barricades erected to prevent us from peacefully assembling)': So-called 'violence' in the global North alterglobalization movement", *Social Movement Studies* 5, no. 1 (maio 2006): 70–71. Ver também Van Deusen, "The Emergence of the Black Bloc," 18.

[130]David Graeber, *Possibilities: Essays on Hierarchy, Rebellion, and Desire* (Oakland: AK, 2007), 390.

[131]Trechos de uma entrevista com um membro do Tute Bianche que participou dee manifestações em Praga em setembro de 2000, citado em Starr "(Excepting Barricades ...)", 68.

[132]Antonio Negri e Michael Hardt, *Multitude: War and Democracy in the Age of Empire* (Nova York: Penguin, 2004), 264–67; Samizdat.net, ed., *Gênes, 19–20–21 juillet 2001, multitudes en marche contre l'Empire* (Paris: Éditions REFLEX, 2002).

[133]Para mais informações sobre essa forma de ação coletiva, visite "ROR London", *Rhythms of Resistance.* Web.

[134]Ver George McKay, ed., DIY *Culture: Party and Protest in Nineties Britain* (Londres: Verso, 1998), 15. No mesmo volume, ver também John Jordan, "The Art of Necessity: The Subversive Imagination of Anti-Road Protest and Reclaim the Streets", 129–51.

[135]Ver David Graeber, "The new anarchists", *New Left Review* 2, no. 13 (janeiro-fevereiro de 2002): 66–68.

[136]Karen Goaman, "The Anarchist Travelling Circus: Reflections on Contemporary Anarchism, Anti-Capitalism, and the International Scene", em *Changing Anarchism: Anarchist Theory and Practice in a Global Age*, ed. Jonathan Purkis e James Bowen (Manchester: Manchester University Press, 2004), 164.

[137]Kolonel Klepto e Major Up Evil, "The Clandestine Insurgent Rebel Clown Army Goes to Scotland via a Few Other Places", em *Shut Them Down! The G8, Gleneagles 2005 and the Movement of Movements*, ed. David Harvie et al. (West Yorkshire e nova York: Dissent! G8/Autonomedia, 2005), 243–54.

[138]Visite clownarmy.org/index.html.

[139]Informações escritas, fotos e vídeos acessados em "Strasbourg: témoignage de la clown army", Web; "Solidaires contre le cirque sécuritaire", Web; e "OTAN: Défilé de clowns et escarmouches à Strasbourg", Web.

[140]Clare Solomon e Tania Palmieri, eds., *Springtime: The New Student Rebellions* (Londres: Verso, 2011), 110–21.

[141]"Les poings rouges: l'organisation des communistes dans les manifestations de rue", *Socialisme maintenant!*, été 2001, 15. Tradução nossa.

[142]Sobre uma manifestação em Londres em que a polícia atacou os manifestantes brutalmente, ver Steve Reicher, "The Battle of Westminster: Developing the social identity model of crowd behaviour in order to deal with the initiation and development of collective conflict", *European Journal of Social Psychology* 26 (1996): 115–34; e Steve Reicher et al., "A Model of Crowd Prototypes and Crowd Leadership", em *Leadership and Social Movements*, ed. Colin Barker, Alan Johnson e Michael Lavalette (Manchester: Manchester University Press, 2001).

[143]Embora não seja anarquista, a filósofa política Hannah Arendt articula a mesma opinião em Crises of the Republic: Lying in Politics, Civil Disobedience, On Violence, Thoughts on Politics and Revolution (Nova York: Houghton Mifflin Harcourt, 1972), 49–102.

[144]Para discussões sobre anarquismo, violência e não violência, ver, por exemplo "Ends and Means", em Peter Marshall, *Demanding the Impossible: A History of Anarchism* (Londres: Fontana, 1993), 625–38; "Anarchisme, non-violence, quelle synergie?", *Alternatives non violentes*, special issue, 117 (Winter 2000–1); e "Violence, contre violence, non-violence anarchistes", *Réfractions* 5 (Spring 2000).

[145]Barbara Epstein, *Political Protest and Cultural Revolution: Nonviolent Direct Action in the 1970s and 1980s* (Berkeley: University of California Press, 1993), 69–81.

[146]Roland Breton, "La violence et son contraire dans la libération de l'Inde", *Réfractions* 5 (Spring 2000).

[147]Entrevista em "Toronto: Le Black Bloc passe à l'action", *Casse sociale* 5 (2010): 14.

[148]O manual é reproduzido e examinado em Philip Agee, *Inside the Company: CIA Diary* (Londres: Penguin, 1975).

[149]Curiosamente, alguns dos que denunciaram a "violência" dos Black Blocs apresentam a queda do Muro de Berlim como um modelo de mobilização não violenta, como se quebrar as janelas de alguns bancos fosse um ato violento, mas destruir um muro não. Ver, por exemplo, Dominique Boisvert, "Black Bloc, violence et non-violence", *Presse-toi à gauche!*, 3 de maio de 2012. Web.

[150]Gaston Deschênes, "Présentation", em G Deschênes, *Une capitale éphémère: Montréal et les événements tragiques de 1849* (Montreeal: Les Cahiers du Septentrion, 1999).

[151] Ver Mark 11:15-18.

[152] Ver Patrick Tillard, "Une affection bâclée", *Divergences* (agosto de 2006): 3. Web. Ver também Michael Albert, "On trashing and movement building", *Z Magazine* 22, no. 9 (setembro de 2009). Web.

[153] Clément Barette, *La pratique de la violence politique par l'émeute: le cas de la violence exercée lors des contre-sommets* (tese de pós-graduação, Universidade de Paris I — Panthéon-Sorbonne, 2002), 90.

[154] Christos Boukalas, "No One Is Revolutionary Until the Revolution! A Long, Hard Reflection on Athenian Anarchy Through the Prism of a Burning Ban", em *Revolt and Crisis in Greece: Between a Present Yet to Pass and a Future Still to Come*, ed. Antonis Vradis e Dimitris Dalakoglou (Oakland: AK, 2011), 289-94.

[155] Boukalas, "No One Is Revolutionary", 279-97.

[156] Na brochura "Solidarity with the Anarchist Fighters and All Those Imprisoned for Subversive Actions or Participation in Social Struggles in Greece", ElephantEdition, 26 de agosto de 2012.

[157] "A Communique on Tactics and Organization to the Black Bloc, from Within the Black Bloc" (2ª ed., julho 2001), em *The Black Bloc Papers: An Anthology of Primary Texts from the North American Anarchist Black Bloc 1999–2001*, ed. David Van Deusen and Xavier Massot (Oakland: AK, 2002), 198-225. Visite infoshop.org/amp/bgp/BlackBlockPapers2.pdf.

[158] Trechos de uma entrevista com um membro do Tute Bianche que participou das manifestações em Praga em 2000, citado em Amory Starr, " '(Excepting barricades erected to prevent us from peacefully assembling)': So-called 'violence' in the Global North alterglobalization movement", *Social Movement Studies* 5, no. 1 (maio 2006): 76.

[159] Sian Sullivan, " 'We are heartbroken and furious!' Engaging with violence and the (anti)globalisation movement(s)", *CSGR Working Paper*, 123/03 (2004): 16. Web.

[160] "Some Notes on Insurrectionary Anarchism", em *Killing King Abacus* 2. Web.

[161] Dois compañer@s da Calisse Brigade, "A Anti. Anti-Capitalista!", 10 de junho de 2007. Web.

[162] Para uma revisão recente do estado incompleto das informações atuais, ver Steven E Barkan and Lynne L Snowden, Collective Violence (Boston: Allyn and Bacon, 2001); e Marco Giugni, "Was it worth the effort? The outcomes and consequences of social movements," *Annual*

Review of Sociology 24 (agosto de 1998): 371–93. Ver também Yves Michaud, La violence, 2ª ed. (Paris: Presses Universitaires de France, 1988), 63–64; David E Apter, "L'apothéose de la violence politique", em *Faut-il s'accommoder de la violence?*, ed. Thomas Ferenczi (Paris: Complexe, 2000), 289; Solomon Lipp, "Reflections on Social and Political Violence", em *Violence and Human Coexistence: Proceedings of the 2nd World Congress of ASEVICO*, vol. 2 (Montreal: Montmorency, 1995), 68, 70; e Jean-Claude Chesnais, *Histoire de la violence* (Paris: Robert Laffont, 1981), 335.

[163]Barkan e Snowden, *Collective Violence*, 120.

[164]Randall Amster, *Anarchism Today* (Santa Barbara : Praeger, 2012), 147–63.

[165]Amster, *Anarchism Today*, 148.

[166]Para uma conclusão chegada a partir dessa tática analítica e política, ver a seção "Un impact politique limité", em Geoffrey Pleyers, "Des Black Blocs aux alter-activistes: pôles et formes d'engagement des jeunes altermondialistes", *Lien social et politiques* 51 (Spring 2004): 130.

[167]Frances Fox Piven e Richard A Cloward, *Poor People's Movements: Why They Succeed, How They Fail* (Nova York: Vintage, 1979).

[168]Ward Churchill, *Pacifism as Pathology: Reflections on the Role of Armed Struggle in North America* (Winnipeg: Arbeiter Ring, 1998), 41–44; Breton, "La violence et son contraire", 77–89.

[169]Midge MacKenzie, *Shoulder to Shoulder* (Nova York: Alfred A Knopf, 1975), 8–9.

[170]Tammy Kovich, "Marching with the Black Bloc–'Violence' and Movement Building", em *Whose Streets? The Toronto G20 and the Challenges of Summit Protest*, ed. Tom Malleson e David Wachsmuth (Toronto: Between the Lines, 2011), 136.

[171]Sobre o tema de ações violentas ou radicais e o ciclo de reforma que elas podem gerar, ver o Capítulo 5 de Anders Corr, *No Trespassing: Squatting, Rent Strikes, and Land Struggles Worldwide* (Boston: South End, 1999).

[172]Marco Bardesono, "Scontri et fereti al cantiere Tav . . .", *Corriere della Serra* (Milan), 4 de julho de 2011, 2.

[173]Barette, *La pratique de la violence politique*, 97.

[174]Anônimo, "The Anti-Capitalist March and the Black Bloc", em *Occupy Everything! Anarchists in the Occupy Movement 2009–2011*, ed. Aragorn! (LBC, 2012), 163.

[175]Chris Hedges, "The cancer in Occupy", *Truthdig*, 6 de fevereiro de 2012. Web.

[176]Brendan Kiley, "May Day anarchists will compensate small businesses whose windows were smashed" em *Slog—The Stranger*, 3 de maio de 2013. Web.

[177]*Après avoir tout brûlé. . . : Suite au Sommet de l'ONTA à Strasbourg en avril 2009 — Correspondance à propos de stratégies et émotions révolutionnaires*, 3. Web.

[178]Susie Cagle, "Activists and anarchists speak for themselves at Occupy Oakland", *Truthout*, 8 de fevereiro de 2012. Web.

[179]J.A Myerson, "Interview with Chris Hedges about Black Bloc", *Truthout*, 9 de fevereiro 2012. Web. Para comentáros semelhantes sobre o encontro entre o FMI e o Banco Mundial em Washington em 2000, ver Larry Elin, "The Radicalization of Zeke Spier: How the Internet Contributes to Civic Engagement and New Forms of Social Capital", em *Cyberactivism: Online Activism in Theory and Practice*, ed. Martha McCaughey e Michael D Ayers (Londres e Nova York: Routledge, 2003), 105. Sobre a Cúpula das Américas no Quebec (abril de 2001), ver Valérie Dufour, "Les policiers tenus en haleine tout le week-end: les militants repartent satisfaits", *Le Devoir* (Montreal) 23 de abril de 2001, sec. A p 3.

[180]Jean-François Lisée, "Du courier ... en attendant la loi special", *L'Actualité*, 17 de maio de 2012. Web.

[181]Postado em facebook.com/indigne.e.s.valleyfield.

[182]Harvie et al., *Shut Them Down!*, 243–54.

[183]Ver "Lausanne: des blacks 40 pinks témoignent et revendiquent". Web.

[184]Krystalline Kraus, "Sisters in struggle", *rabble.ca*, 21 de junho de 2002. Web. Outra fonte foi o relato ouvido pelo autor de uma amiga feminista que presenciou os acontecimentos.

[185]Esse Pink Bloc, com pouquíssimos membros, roubou a cena e apareceu na primeira página do *La Presse* (Montreal), 8 de março de 2004.

[186]Kate Evans, "It's Got to Be Silver and Pink: On the Road with Tactical Frivolity", em *We Are Everywhere: The Irresistible Rise of Global Anti-Capitalism*, ed. Notes from Nowhere (Londres e Nova York: Verso, 2003), 293; Amory Starr, *Global Revolt: A Guide to the Movements Against Globalization* (Londres e Nova York: Zed, 2005), 241; McKay, "DIY Culture: Note Toward an Intro", em *DIY Culture*, ed. McKay, 15.

[187]Starr, Global Revolt, 244.

[188]Evans, "It's Got to Be Silver and Pink", 293; Starr, *Global Revolt*, 219ff.

[189]ACME Collective, "N30 Black Bloc communiqué", 4 de dezembro de 1999. Web.

[190]"Les étudiants aux casseurs: 'Nous faisons la loi dans la rue!'" Web.

[191]Graeme Chester e Ian Welsh, "Rebel of colours: 'Framework' in global social movements", *Sociological Review* (2004): 323ff.

[192]Starr, *Global Revolt*, 219.

[193]Para relatos desses eventos, ver Maxim Fortin, *La résurgence d'une contestation radicale en Amérique du Nord* (tese de M.A., Universidade Laval, 2005); Cindy Milstein, "Something did Start in Quebec City: North America's Revolutionary Anticapitalist Movement", em Eddie Yuen, Daniel Burton-Rose e George Katsiaficas, eds., *Confronting Capitalism: Dispatches From a Global Movement* (Nova York: Soft Skull, 2004), 126–133; Isabelle Saint-Amand, *Penser la ville close: rue et périmètre de sécurité, Québec 2001* (tese de M.A., Universidade Concordia, Montreal, 2004); e Félix Thériault-Bérubé, *Les 'Black Blocs' et leur impact sur les autres acteurs du mouvement anti-altermondialiste au Québec: le cas du Sommet de Québec en 2001* (tese de M.A., Universidade de Montreeal, 2006). Nos meses e anos depois das manifestações da CLAC-CASA contra a Cúpula das Américas, surgiram Convergências Anticapitalistas em Nova York, Washington, Chicago, Seattle, Calgary e em outras cidades, adotando os princípios da CLAC encontrados na internet, incluindo o "respeito à diversidade tática".

[194]Ver Christopher Day, "Out now! Toward a strategy of resistance", *Love and Rage* 1, no. 6 (1990): 7.

[195]Janet Conway, "Civil resistance and the 'diversity of tactics' in the anti-globalization movement: Problems of violence, silence, and solidarity in activist politics", *Osgoode Hall Law Journal* 41, nos. 2–3 (2003): 519–20. [*Sale* significa "sujo" em francês, portanto, SalAMI significa "amigo sujo".]

[196]Starr, ("'Excepting barricades ...)", 76.

[197]Visite o site da Ação Global dos Povos: nadir.org/nadir/initiativ/agp/en. Ver também Churchill, *Pacifism as Pathology*.

[198]Barette, *La pratique de la violence politique*, 29.

[199]Essa análise crítica é apresentada em Conway, "Civil Resistance".

[200]David Van Deusen, "The Emergence of the Black Bloc and the Movement Towards Anarchism", em *The Black Blocs Papers*, ed. David Van Deusen e Xavier Massot (Green Mountain Anarchist Collective) (Baltimore: Black Clover, 2002), 15.

[201]BB1, entrevistado pelo autor em Montreal em setembro de 2002, é um homem de 20 anos de idade que participou de Black Blocs na passeata de 1º de maio de 2000 em Westmount (Quebec); nas manifestações contra o encontro do G20 em Montreal em novembro de 2000; contra a Cúpula das Américas no Quebec em abril de 2001; e durante a Cúpula dos Povos em Porto Alegre no fim de 2001. .

[202]GA10, entrevista com o autor.

[203]C Monnot, "Les altermondialistes ont mobilise massivement en Suisse et en France", *Le Monde*, 6 de junho de 2003.

[204]Irène Pereira, "Une sociologie des Black Blocs", *Contretemps*. Web.

[205]NumeroZero, "anti-G8 : Communiqué du Houmos Bloc". Web.

[206]Ver James C Scott, *Domination and the Arts of Resistance: Hidden Transcripts* (New Haven: Yale University Press, 1990), 172–82.

[207]Scott, *Domination and the Arts of Resistance*, 148.

[208]David Graeber, *Direct Action: An Ethnography* (Oakland: AK, 2010), 148.

[209]Starr, ("'Excepting barricades ...')", 72.

[210]Martin Pelchat, "Ménard a craint le pire pour les policiers: 'Les Québécois doivent réaliser que la SQ a changé' ", *La Presse* (Montreal), 28 de abril de 2001, sec.B p 5.

[211]Incluindo anarquistas. Ver Centre des médias alternatifs du Québec (CMAQ), "Manifeste du Carré noir". Web.

[212]Segundo Paul Hawken, citado em Karen Goaman, "The Anarchist Travelling Circus: Reflections on Contemporary Anarchism, Anti--Capitalism, and the International Scene", em *Changing Anarchism: Anarchist Theory and Practice in a Global Age*, ed. Jonathan Purkis e James Bowen (Manchester: Manchester University Press, 2004), 172.

[213]Entrevista do autor com BB3.

[214]Jeffery Juris, "Violence performed and imagined: Militant action, the Black Bloc and the mass media in Genoa", *Critique of Anthropology* 25, no. 4 (2005): 414–15.

[215]Graeber, "The new anarchists", 66.

[216]Starr, ("'Excepting barricades ...')", 73.

[217]Marc James Léger, "Protesting Degree Zero: On Black Bloc Tactics, Culture, and Building the Movement", em *Protest and Punishment: The*

Repression of Resistance in the Era of Neoliberal Globalization, ed. Jeff Shantz (Durham: Carolina Academic Press, 2012), 214–15.

[218]Ruth Kinna, *Anarchism* (Londres: Oneworld, 2005), 202.

[219]Tammy Kovich, "The Black Bloc and the New Society", *Upping the Anti* 12 (2011): 17–18.

[220]Devo aqui a Adreba Solneman, "Du 9 janvier 1978 au 4 novembre 1979", reimpresso em *La naissance d'une idée*, vol. 2 (Paris: Belle Émotions, 2002), 56.

[221]Vista durante a Cúpula das Américas no Quebec, abril de 2001.

[222]Vista durante a Cúpula do G8 em Gênova, julho de 2001.

[223]Mario Roy, "À bout de souffle", La Presse (Montréal) 2 de agosto de 2003, A14.

[224]Clément Barette, *La pratique de la violence politique par l'émeute: le cas de la violence exercée lors des contre-sommets* (tese de M.A., Universidade de Paris I —Panthéon-Sorbonne, 2002), 80.

[225]Ver o comunicado "Pourquoi nous étions à Gênes?" em Dupuis-Déri, *Les Black Blocs* (Montréal: Lux, 2003), 181; ver também David Graeber, "The new anarchists", *New Left Review* 2, no. 13 (janeiro-fevereiro de 2002): 66–68 em 65; e Barette, *La pratique de la violence politique*, 79.

[226]Amory Starr, Luis Fernandez e Christian Scholl, eds., *Shutting Down the Streets: Political Violence and Social Control in the Global Era* (Nova York: NYU Press, 2011), 161–62.

[227]Partes dessa passagem são tiradas de meu artigo "The Black Blocs ten years after Seattle", *Journal for the Study of Radicalism* 4, no. 2 (2010): 45–82.

[228]Sian Sullivan, "'We are heartbroken and furious!' Engaging with violence and the (anti-)globalisation movement(s)", *CSGR Working Paper* 123/03 (2004): 24–26.

[229]Sullivan, "We are heartbroken", 30; Francis Dupuis-Déri, "Broyer du noir: Manifestations et répression policière au Québec", *Les ateliers de l'éthique* 1, no. 1 (2006): 58–80.

[230]Sullivan, "We are heartbroken," 26.

[231]Francis Dupuis-Déri, *Lacrymos: Qu'est-ce qui fait pleurer les anarchistes* (Montréal: Écosociété, 2010).

[232]n Sullivan, "We are heartbroken", 30.

[233]WOMBLES, "G8 Black Bloc: Report from an activist in Lausanne", 2003.

[234]Sian Sullivan, Centre for the Study of Globalisation and Regionalisation, " 'Anger is a gift': Or is it? Engaging with violence in the (anti-)globalization movement(s)", *Newsletter* no. 10, setembro de 2003, 1. Neste texto, o autor adverte contra os males da violência militante, que pode se tornar autodestrutiva ou causar dano colateral, incluindo as mortes de pessoas não envolvidas diretamente na ação. O caso, já citado, da manifestação na Grécia na qual três pessoas empregadas em um banco morreram asfixiadas depois de um ataque com coquetel Molotov é sempre lembrado nos debates a respeito, ainda que não seja certo que um Black Bloc tenha sido o responsável. Testemunhas mencionaram que, no meio da rua, dois grupos de anarquistas envolvidos no protesto debatiam a ideia de incendiar um banco. Christos Boukalas dá um bom panorama do debate a respeito desta questão em seu texto "No One Is Revolutionary Until the Revolution! A Long, Hard Reflection on Athenian Anarchy Through the Prism of a Burning Bank", em *Revolt and Crisis in Greece: Between a Present Yet to Pass and a Future Still to Come*, ed. Antonis Vradis e Dimitris Dalakoglou (Oakland: AK, 2011), 279–97.

[235]Dois companeros da Calisse Brigade, "A Anti. Anti-Capitalista!" 10 de junho 2007. Web.

[236]George Katsiaficas usa a expressão "racionalidade emocional" em "The Eros Effect", artigo apresentado nos American Sociological Association National Meetings de 1989 em San Francisco. Web. Ver também James Jasper, "L'art de la protestation collective", em *Les formes de l'action collective*, ed. Daniel Cefaï (Paris: Éditions de l'EHESS, 2001), 135–59; e Philippe Braud, *L'émotion en politique* (Paris: Presses de Sciences po., 1996).

[237]Katsiaficas, "The Eros effect", 10; Jasper, "L'art de la protestation collective". Ver também Braud, *L'émotion en politique*.

[238]George E Marcus, *The Sentimental Citizen Emotion in Democratic Politics* (Universidade Park: Penn State University Press, 2002).

[239]Voltairine de Cleyre, *Exquisite Rebel: The Essays of Voltairine de Cleyre — Anarchist, Feminist, Genius*, ed. S Presley e C Sartwell (Nova York: SUNY Press, 2005), 54.

[240]Robert Booth e Marc Vallé, " 'Black Bloc' anarchists behind anti-cuts rampage reject thuggery claims", *The Guardian* (Londres), 1° de abril 2001. Web.

[241]Barette, *La violence politique*, 79.

[242]Original: "Ils [les flics] nous arrêtent pour rien, [. . .] Faut pas que les

[243]Por exemplo, antes de tocar no Quebec em junho de 2004, os membros de Bérurier Noir haviam formado ligações com grupos militantes como a CLAC, que então montou estandes no show com informações políticas na forma de jornais, folhetos, pôsteres e coisas do tipo.

[244]Original: "Marqués par la haine / Les jeunes se déchaînent / On a rien à perdre / Les bagnoles crament / La zone est en flame / Et la folie gagne / Les gamins rebelles / Brûlent des poubelles / Ce soir c'est la fête".

[245]Barette, *La violence politique*.

[246]Graeber, "The new anarchists", 65.

[247]Mike Mowbray, "Blogging the Greek riots: Between aftermath and ongoing

[248]Ver "Pourquoi étions-nous à Gênes?".

[249]Entrevista do autor com BB1.

[250]Entrevista do autor com BB2.

[251]Barette, *La violence politique*, 88.

[252]Entrevista conduzida pelo autor em Montreal em março de 2002, com GA2, ativista homem em torno dos 20 anos de idade, membro de um grupo de afinidade que recorre à força em algumas ocasiões e que esteve envolvido em diversas manifestações no Quebec, incluindo as contra a Cúpula das Américas em abril de 2001.

[253]Maxim Fortin, "La résurgence d'une contestation radicale en Amérique du Nord" (tese de M.A., Universidade Laval, Quebec City, 2005), 103.

[254]Alusão a Hakim Bey, TAZ — *Zona Autônoma Temporária* (Coleção Baderna, Editora Conrad, 2011).

[255]"Petite carte postale à l'usage des dénonciateurs d'une pseudo--violence du côté manifestant", em Gênes, 19–20–21 julho de 2001, ed. Samizdat.net, 199.

[256]Entrevista conduzida pelo autor em Estrasburgo em 23 de junho de 2003, com AD1, ativista homem com 27 anos de idade que nunca participou de nenhum Black Bloc, mas se identifica como um "communiste libertaire". Participou de ações diretas em Gênova (Cúpula do G8 de julho de 2001), Bruxelas (Cúpula Europeia) e Roma (protesto dos imigrantes curdos contra a prisão que o governo turco fez do líder curdo Abdullah Ocalan).

[257]Ver, por exemplo, Peter Kropotkin, *The Conquest of Bread* (Nova York: Dover, [1892]2011.

[258]Ver comentário sobre ele em *Dico Rebelle 2004* (Paris: Michalon, 2004).

[259]Citado na agora defunda revista de Montreal *Mirror*, 29 de março a 5 de abril de 2001.

[260]Jessa McLean, "In black and running wild", *Toronto Star*, 27 de junho de 2010, A7.

[261]Franco Fracassi, *Black Bloc: Viaggio nel pianeta nero* (Lecco: Studio, 2011), 10–11. Além disso, na página 26, o autor cita um ativista alemão que usa o mesmo argumento. Agradeço a David Pulizzotto pela tradução.

[262]*Manifeste du Carré noir* (Montreal: Centre des médias alternatifs du Québec, 2012). Web.

[263]J.A Myerson, "Interview with Chris Hedges about Black Bloc", *Truthout*,

[264]Fortin, *La résurgence*, 105.

[265]Nicolas Tavaglione, "Qui a peur de l'homme noir?", *Le Courrier* (Genebra) 11 de junho de 2003, 4.

[266]Barette, *La violence politique*, 92.

[267]Barette, *La violence politique*, 80.

[268]Jean-Jacques Rousseau, *The Social Contract*, trans. Maurice Cranston (Londres: Penguin, 1968), 141.

[269]Voltairine de Cleyre, *The Voltairine De Cleyre Reader*, ed. A.J Brigati (Oakland: AK, 2004), 59

[270]Barette, *La violence politique*, 53.

[271]Barette, *La violence politique*, 89.

[272]Entrevista do autor com BB2.

[273]Tavaglione, "Qui a peur de l'homme noir?", 4.

[274]Herbert Marcuse, *An Essay on Liberation* (Boston: Beacon, 1971) 66–67; "The Problem of Violence and Radical Opposition", em Herbert Marcuse, *The New Left and the 1960s: Collected Papers*, vol. III (Nova York: Routledge, 2005), 62; Hannah Arendt, *Crises of the Republic: Lying in Politics, Civil Disobedience, On Violence, Thoughts on Politics and Revolution* (Nova York: Houghton Mifflin Harcourt, 1972), 51–101; Mario Turchetti, *Tyrannie et tyrannicide de l'Antiquité à nos jours* (Paris: Presses Universitaires de France, 2001).

[275]Como disse um black blocker experiente em uma carta após a Cúpula da Otan em Estrasburgo em 2009 (Après avoir tout brûlé. . . :

Suite au Sommet de l'OTAN à Strasbourg en avril 2009 — Correspondance à propos de stratégies et émotions révolutionnaires, p 4. Web).

[276] BB2.

[277] BB1.

[278] Clément Barette, *La pratique de la violence politique par l'émeute: le cas*

[279] Barette, *La pratique de la violence politique*, 105.

[280] Barette, *La pratique de la violence politique*, 76.

[281] BB9, um anarquista na casa dos 30 entrevistado em Paris em 2013.

[282] Nicolas (Barricada Collective), "The Black Bloc in Quebec: An Analysis",

[283] Tillard, "Une affection bâclée", *Divergences* (agosto de 2006). Web.

[284] Randall Amster, *Anarchism Today* (Santa Bárbara: Praeger, 2012), 32–33.

[285] Em Amory Starr, Luis Fernandez e Christian Scholl, eds., *Shutting Down the Streets: Political Violence and Social Control in the Global Era* (Nova York: NYU Press, 2011), 156.

[286] Em "The civil rights movement and the Black Bloc", ele disse o seguinte sobre os acontecimentos que cercaram a Cúpula do G20 em Toronto: "Nada muda na vida de nenhuma pessoa oprimida em qualquer parte do mundo, e o pesadelo monótono do capitalismo global segue inalterado. Nenhuma verborragia situacionista pode alterar esse fato". *Upping the Anti*, web.

[287] Naggh, *Nouvelles de l'assemblée générale du genre humain* (Paris: Belles émotions, 2004), 27–28.

[288] Van Deusen e Massot, eds., The Black Bloc Papers, 10.

[289] Ver "Pourquoi étions-nous à Gênes?" em Dupuis-Déri, *Les Black Blocs* (Montréal: Lux, 2003); Francis Dupuis-Déri, "En deuil de révolution?", *Réfractions* 13 (2004).

[290] Dupuis-Déri, "En deuil de révolution?".

[291] Entrevista do autor com BB3.

[292] Entrevista do autor com AD1.

[293] Andy Chan, ""Anarchists, violence and social change: Perspectives from today's grassroots", *Anarchist Studies* 3, no. 1 (1995): 54–56.

[294] Edward Avery-Natale, "'We're here, we're queer, we're anarchists': The nature of identification and subjectivity among Black Blocs," *Anarchist Development in Cultural Studies* 1 (2010): 95. Ver também A.K Thompson, *Black Bloc White Riot: Anti-Globalization and the Genealogy of Dissent* (Oakland: AK, 2010),124.

[295]Thompson, *Black Bloc White Riot*: Capítulo 4, "You Can't Do Gender in a Riot".

[296]Mary Black, "Letter from inside the Black Bloc", 24 de junho de 2001. Web.

[297]Krystalline Kraus, "Sisters in struggle", *rabble.ca*, 21 de junho 2002. Web.

[298]Sobre o tema da violência militante e do machismo, ver Robin Morgan, *The Demon Lover* (Nova York: W.W Norton, 1989); e Lee Quinby, "Taking the Millennialist Pulse of Empire's Multitude: A Genealogical Feminist Diagnosis", em *Empire's New Clothes: Reading Hardt and Negri*, ed. Paul A Passavant and Jodi Dean (Londres: Routledge, 2004), 236–42.

[299]Rachel Neumann, "A place for rage", em *The Battle of Seattle: The New Challenge to Capitalist Globalization*, ed. Eddie Yuen, Daniel Burton e Rosee George Katsiaficas (Nova York: Soft Skull, 2001), 111.

[300]Devo aqui a Émeline Fourment, que é atualmente estudante de pós-graduação no Institut de science politique em Paris e está escrevendo uma tese sobre a influência das ideias feministas na prática e no discurso da esquerda radical em Göttingen, na Alemanha, bem como a Aurélie Audeval, doutoranda na École des hautes étude en sciences sociales em Paris, que morou na Alemanha por muito tempo e escreveu uma tese sobre as mulheres espartaquistas.

[301]Black Women Movement, "Women in the Black Bloc". Web. Ver também uma entrevista com um norte-americano que afirma não haver diferença entre homens e mulheres nos Black Blocs. Em Franco Fracassi, *Black Bloc: Viaggio nel pianeta nero* (Italie: Alpine Studio, 2011), 23.

[302]Ver, por exemplo, John Bohstedt, "The Myth of the Feminine Food Riot: Women as Proto-Citizens in English Community Politics, 1790–1810", em *Women and Politics in the Age of the Democratic Revolution*, ed. Harriet B Applewhite e Darline G Levy (Ann Arbor: University of Michigan Press, 1990) 21–61; Ann Hansen, *Direct Action: Memoirs of an Urban Guerrilla* (Toronto: Between the Lines, 2002), 487–93; e Dark Star, ed., *Quiet Rumours: An Anarcha-Feminist Reader* (Oakland: AK, 2002), 97–105.

[303]Maggie, Rayna, Michael, Matt (The Rock Bloc Collective), "Stick it to the Manarchy". Web.

[304]BB8, uma mulher de 23 anos cujo envolvimento no movimento antiguerra começou aos 15. Entrevistada em Montreal em 2013.

[305]Entrevista do autor com BB3.

[306]Entrevista do autor com BB3.

[307]Minhas estimativas podem ter sido excessivamente precisas em Francis Dupuis-Déri, "Black Blocs: bas les masques", *Mouvements* 25 (janeiro-fevereiro de 2003): 76. Ver "Pourquoi étions-nous à Gênes?", 180–8. Web. Ver também Black, "Letter from inside the Black Bloc". No caso de um Black Bloc de 40 pessoas no encontro do G8 em Deauville, França, em junho de 2011, um jornalista da revista *L'Express* que havia se infiltrado no grupo contou "cinco meninas, mais seguidoras do que líderes". Ver Antoine Marnet, "Black blocs: plongée dans l'ultragauche anti-G8", *L'Express*, 5 de junho de 2011. Web.

[308]"Pourquoi étions-nous à Gênes?".

[309]Shawn, "Don't forget the Minute 'Women'!", em Van Deusen e Massot, *The Black Bloc Papers*, 80.

[310]Starr, Fernandez e Scholl, *Shutting Down the Streets*, 160.

[311]Entrevista com BB7.

[312]Entrevista com BB8.

[313]*Après avoir tout brûlé . . .: Suite au Sommet de l'OTAN à Strasbourg en avril 2009 — Correspondance à propos de stratégies et émotions révolutionnaires*, 8, 9–10. Web.

[314]Sian Sullivan, " 'Anger is a gift': Or is it? Engaging with violence in the (anti-)globalization movement(s)," *Newsletter of the Centre for the Study of Globalisation and Regionalisation*, no. 10 (setembro de 2003): 12.

[315]T-Bone Kneegrabber, "Real feminists don't get raped and other fairy tales," *The Peak*, Special Issue: "Sexual Assault in Activist Communities" (2002): 38–39.

[316]Kneegrabber, "Real feminists don't get raped".

[317]Mark LeVine, "The revolution, back in black," *Aljazeera*, 2 de fevereiro de 2013. Web.

[318]Toronto Police, *G20 Summit Toronto, Ontario June 2010—Toronto Police Service After-Action Review* (junho 2011), 2.

[319]Carta assinada por Louise Arsenault, *Journal de Montréal*, 26 de fevereiro de 2013, 23.

[320]Dave Abel et al., "Organized anarchy", *Toronto Sun*, 27 de junho de 2010, 5.

[321]David Akin, "Need for 'common action' ", *Toronto Sun*, 27 de junho de 2010, 8. Grifo nosso.

[322]*Toronto Star*, 28 de junho de 2010, A2.

[323]Garlan, "Sommet du G8: Les Huit". Grifo nosso.

[324]"Un mort à Gênes: martyr ou dégénération d'une cause juste", AFP-Presse espanhola (Madrid), 21 de junho de 2001.

[325]Rick Anderson, "The anarchists of nostalgia", *Seattle Weekly*, 2 de maio de 2012. Web.

[326]David Horsey, "Today's anarchists are just brats in black", Los Angeles Times, 22 de maio de 2012. Web.

[327]Laurent Zecchini, "Les 'antimondialistes' sabotent le Sommet de Göteborg", *Le Monde*, 17–18 de junho 2001. Em uma veia parecida, ver Christian Spillman, "Reprise des affrontements à Gênes, journée rouge pour le G8", AFP, 21 de julho de 2001, e André Pratte, "Les alter--hypocrites", *La Presse*, 31 de julho de 2003, A9.

[328]Reportagem do noticiário do France 2, 21 de julho de 2001.

[329]Citado por Christian Losson e Paul Quinio, *Génération Seattle: les rebelles de la mondialisation* (Paris: Grasset, 2002), 156. Grifo nosso.

[330]Losson e Quinio, *Génération Seattle*, 166.

[331]Losson, "Des antimondialistes dans la tactique de l'affrontement", *Libération*, 18 de junho de 2001. Web.

[332]Harvey Molotch, "Media and Movements", em *The Dynamics of Social Movements*, ed. Mayer N Zald e John D McCarthy (Cambridge, M.A.: Winthrop, 1979), 81.

[333]Ao se referir a uma manifestação em um posto fronteiriço franco--italiano antes da Cúpula do G8 em Gênova, um jornalista a representou como uma "manifestação muito cordial" (reportagem do telejornal da TF1, 14 de julho de 2001). A mesma expressão — "bon enfant"— e o mesmo tom foram usados no dia seguinte no canal France 2 TV. E a edição do *La Tribune de la Genève* de 2 de julho de 2003 publicou uma reportagem intitulada "Uma demonstração amistosa" sobre uma passeata não violenta contra a Cúpula do G8 em Gênova.

[334]Nathan Hervé, "L'Europe sociale sur la Promenade", *Libération*, 7 de dezembro de 2000.

[335]Yves Michaud, *La violence*, 2ª ed. (Paris: Presses Universitaires de France, 1988), 48–52.

[336]Trecho de uma entrevista com três mulheres que participaram de Black Blocs durante a greve estudantil no Quebec em 2012. A entrevista foi conduzida por Boris Proulx para sua reportagem do noticiário de rádio, "Au couer du Black Bloc: entrevue exclusive avec trois militants radicales" (Dentro do Black Bloc: Entrevista exclusiva com três

militantes radicais), CIBL (Montreal), 25 de maio de 2012. Web. Um ativista britânico expressou uma visão parecida em uma entrevista citada por Fracassi, *Black Bloc*, 33.

[337]Ver o texto muito interessante de Gadi Wolfsfed, "Media, protest, and political violence: A transactional analysis", *Journalism Monographs* 127 (junho de 1991); ver também Amitai Etzioni, Demonstration Democracy (Nova York: Gordon and Breach, 1970); e William A Gamson, *The Strategy of Social Protest* (Homewood: Dorsey, 1975), Chapter 6.

[338]Chris Samuel, "Throwing bricks at the brick wall: The G20 and the antin- omies of protest", *Studies in Political Economy* 90 (2012): 18–20.

[339]Robert Booth and Marc Vallé, " 'Black Bloc' anarchists behind anti-cuts ram- page reject thuggery claims", *The Guardian* (Londres), 1º de abril de 2001. Web.

[340]Entrevista do autor por e-mail, em janeiro de 2004, com uma mulher de 36 anos que havia participado de Black Blocs e atuava especialmente em Nova York e Toronto.

[341]Mario Roy, "À bout de souffle", *La Presse* (Montreal) 2 de agosto de 2003, A14.

[342]Lynn Owens e L Kendall Palmer, "Making the news: Anarchist counter-public relations on the World Wide Web", *Critical Studies in Media Communication* 20, no. 4 (2003): 335–61.

[343]Yves Boisvert, "Je suis un casseur", *La Presse* (Montreal), 12 de maio de 2012. Web.

[344]Starhawk, *Webs of Power*, 122–23 (Randall Amster, *Anarchism Today*, 32).

[345]Donatella della Porta e Sidney Tarrow, "After Genoa and New York: The antiglobal movement, the police, and terrorism", *Social Science Research Council* (Winter 2001). Web.

[346]Olivier Fillieule e Jean-Pierre Masse, "Peur sur la ville: les inflexions de la doctrine et de la pratique du maintien de l'ordre sous l'effet du développement des mobilisations altermondialistes", artigo apresentado na conferência "Policing Political Protest After Seattle", *Fiskebackekil*, Suécia, 1–5 de maio de 2004.

[347]Christophe Aguiton, "Quelques éléments pour la discussion après Gênes", em *Samizadt.net, Gênes 19–20–21 juillet 2001: Multitudes en marche contre l'empire* (Paris: Reflex, 2002), 267.

[348]Susan George, "G8: Are you happy?", *CorpWatch*, 24 de junho de 2001. Web.

[349]Léonce Aguirre, " 'Black Bloc,' violences et intoxication", *Rouge*, 5 de junho de 2003.

[350]Political Matti, "The Summit protests: A dissenting view", *Black Flag* 225, 5; Aufheben, "L'anticapitalisme comme idéologie ... et comme movement" (2002). Web.

[351]Alex Trocchi, "For the Insurrection to Succeed, We Must First Destroy Ourselves", em *Revolt and Crisis in Greece: Between a Present Yet to Pass and a Future Still to Come*, ed. Vradis e Dalakoglou (Oakland e Londres: AK and Occupied London, 2011), 313–14.

[352]Sasha K, "Some notes on insurrectionary anarchism", *Killing King Abacus* 2 (8 de julho de 2001). Web.

[353]Autonomous University Collective, "Who Is the Black Bloc? Where Is the Black Bloc?", em *Springtime: The New Student Rebellions*, ed. Clare Solomon e Tania Palmieri (Londres: Verso, 2011), 130.

[354]Anonymous, "En défense des rebelles de Seattle ou comment nourrir son anarchiste intérieur", *Les temps modernes* 607 (2000): 220–56.

[355]Alexander Cockburn, "So who did win in Seattle? Liberals rewrite history". Web.

[356]"CUPE supports protests at wall", 18 de abril de 2001. Web.

[357]Como contado ao autor em junho de 2013. Ver também Jeff Shantz, "Unions, Direct Action, and the G20 Protests", em *Whose Streets? The Toronto G20 and the Challenges of Summit Protest*, ed. Tom Malleson e David Wachsmuth (Toronto: Between the Lines, 2011), 60; Clarice Kuhling, "Forms of Protest Reflect Our Power: Radical Strategy and Mass Mobilizations", também em *Whose Streets*, 169.

[358]"Les pays pauvres demeurent en plan, déplore Oxfam-Québec", *Le Journal de Montréal*, July 31, 2003, 3.

[359]O discurso foi filmado e pode ser visto em goo.gl/ee2Gow, a partir de 1min35s. Ver também Cristina Bangau, *We Are All Black Bloc! The NOTAV Protest Movement and Geographies of Intervention* (tese de M.A., Department of Sociology and Social Anthropology, Universidade da Europa Central, Budapeste, 2013).

[360]Ver "Pourquoi nous étions à Gênes", 178.

[361]Tom Turner e Judith Barish, "Environmental, labor leaders condemn violence", *World Trade Observer*, Seattle, 1999. Web.

[362]Susan George, *Un autre monde est possible si* . . . (Paris: Fayard, 2004) 267. Grifos nossos.

[363]George, *Un autre monde*, 262.

[364]George, *Un autre monde*, 263.

[365]Fundador e líder do partido trotskista Ligue communiste révolutionnaire (LCR).

[366]Entrevista do autor com V10, realizada em Paris em 11 de dezembro de 2003. Esse rapaz de 24 anos conduziu ações diretas — destruição de propriedade e saque — em Nice (dezembro de 2000), Gênova (julho de 2001) e Annemasse (junho de 2003), e participou do acampamento Village alternatif anticapitalist et anti-guerre (VAAAG) durante a Cúpula do G8 de 2003.

[367]"The first embedded protest", *The Guardian*, 18 de junho de 2005 (citado em Paul Hewson, " 'It's the Politics, Stupid': How Neoliberals, NGO's, and Rock Stars Hijacked the Global Justice Movement at Glenneagles . . . and How We Let Them", em David Harvie et al., eds., *Shut Them Down! The G8, Gleneagles 2005 and the Movement of Movements* (West Yorkshire e Nova York: Dissent! G8 e Autonomedia, 2005), 135.

[368]"Ure urges anarchists to 'go home' ", *Edinburgh Evening News*, 5 de julho de 2005 (citado em Hewson, "It's the Politics, Stupid", 149).

[369]Entrevista do autor conduzida em Montreal em março de 2002 com GA1, um homem de 20 anos cujo grupo de afinidade às vezes usa a força e que participou de várias manifestações no Quebec, incluindo a contra a Cúpula das Américas em abril de 2001.

[370]Christian Spillmann, "Gênes: violences, discorde, les dirigeants du G8 n'ont pas de quoi pavoiser", *AFP*, 22 de julho 2001.

[371]Dominique Von Burg, "La casse ne doit pas devenir fatale", *La Tribune de Genève*, 2 de junho de 2003, p 1. Grifos nossos.

[372]Aguiton, "Quelques éléments", 265. Grifos nossos.

[373]Declaração feita em uma conferência de imprensa e incluída em "La répression atteint un sommet à Québec", uma reportagem especial de rádio feita por Alain Chénier e France Émond, CIBL (Montreal), 23 de abril de 2001, e no filme *Zones grises*, de David Nadeau e Nicolas Bélanger (Queebec: Hobogays et Paysdenvie Productions, 2002).

[374]Kolonel Klepto e Major Up Evil, "The Clandestine Insurgent Rebel Clown Army Goes to Scotland via a Few Other Places", em *Shut Them Down!*.

[375]Analistas de movimentos sociais estudaram a dinâmica em que os atores políticos se esforçam para parecer respeitáveis aos olhos do Estado. Segundo Doug McAdam, Sidney Tarrow e Charles Tilly, todo "regime político oficial esboça uma lista de atores políticos com o direito de existir, formular demandas e obter rotineiramente recursos

controlados pelo governo". *Dynamics of Contention* (Cambridge: Cambridge University Press, 2001), 146–47. Ver também Félix Thériault--Bérubé, "Les 'Black Blocs' et leur impact sur les autres acteurs du mouvement anti-alter-mondialiste au Québec: le cas du Sommet de Québec en 2001" (tese de M.A., Universidade de Montreal, 2006), 89.

[376] Michaud, *La violence*, 65.

[377] Michel Barillon, ATTAC, *encore un effort pour réguler la mondialisation!* (Castelnau-le-Lez: Climats, 2001).

[378] Olivier Fillieule, *Stratégies de la rue: les manifestations en France* (Paris: Presses de Science po, 1997), 273.

[379] Isabelle Sommier, "Paradoxes de la contestation: la contribution des services d'ordre syndicaux à la pacification des conflits sociaux", em *Violence and Human Existence: Proceedings of the Second World Congress of l'ASEVICO* (Montreal: Montmorency, 1995), 333. Ver também Dominique Cardon e Jean-Philippe Heurtin, "Tenir les rangs. Les services d'encadrement des manifestations ouvrières (1909–1936)", em *La manifestation*, ed. Pierre Favre (Paris: Presses de la fondation nationale des sciences politiques, 1990), 123–55.

[380] As citações são tiradas de Losson e Quinio, *Génération Seattle*, 167.

[381] George, *Un autre monde est possible si*, 270.

[382] Sid Ryan, "Thousands stood up for humanity", *Toronto Star*, 29 de junho de 2010. Web.

[383] Samuel, "Throwing bricks at the brick wall", 22.

[384] Judy Rebick, "Breaking windows is not a revolutionary act", *rabble.ca*, 16 de fevereiro de 2010. Web.

[385] Judy Rebick, "Toronto is burning! Or is it?", *rabble.ca*, 27 de junho de 2010. Web.

[386] Moisés Naím, "Lori's war", *Foreign Policy* (Spring 2000): 49.

[387] Citado por Timothy Egan, "Talks and Turmoil: The Violence", *New York Times*, 2 de dezembro de 1999, A1. Em um artigo publicado depois, "Window- smashing hurt our cause", ela afirma ter sido citada erroneamente, mas mesmo assim critica o uso da força pelos Black Blocs.

[388] "The Geneva Business Dialogue", *Corporate Europe Observer*, no. 2 (outubro de 1998). Web.

[389] Isabelle Saint-Amand, "Penser la ville close: rue et périmètre de sécurité, Québec 2001" (tese de M.A., Universidade Concórdia, Montreal, 2004).

[390] Citado por Éric Budry, "Les altermondialistes refusent le piège des groupuscules violents", *La Tribune de Genève*, 2 de junho de 2003, 3.

[391] Citado em Losson e Quinio, *Génération Seattle*, 167.

[392] Citado em Thériault-Bérubé, *Les "Black Blocs" et leur impact*, 110.

[393] Citado em *Le Journal de Montréal*, 22 de abril de 2001.

[394] "Conférence de presse du premier ministre, M Bernard Landry, sur le bilan du Sommet des Amériques et du Sommet des peuples", *Quebec City*, 23 de abril de 2001.

[395] Citado em Christine Courcol e Stéphanie Pertuiset, "Une grande marche pacifique d'un côté, une poignée d'extrémistes de l'autre", *AFP*, 22 de abril de 2001.

[396] Stéphane Batigne, "J'ai joué le jeu de la manifestation", *Le Devoir* (Montreeal), 24 de abril de 2001.

[397] Epilogo: A seção a seguir se baseia no material incluso em Francis Dupuis-Déri, ed., *À qui la rue? Répression policière et mouvements sociaux* (Montreeal: Écosociété, 2013).

[398] TPS After-Action Review, G20 *Summit*, 13.

[399] TPS After-Action Review, G20 *Summit*, 13.

[400] O problema não era inteiramente novo, tendo já surgido no protesto de Primeiro de Maio em Nova York em 2000. Ver David Van Deusen and Xavier Massot, eds., *The Black Blocs Papers* (Green Mountain Anarchist Collective) (Baltimore: Black Clover, 2002), 81.

[401] Ver Lyn Gerry, "Linguistic analysis of the Black Bloc communiqué: Refutation of the claims that the N30 Black Bloc communiqué is 'proof' that they are agents provocateurs" [publicado pela primeira vez em infosho.org, mas não mais disponível). Ver também "Gênes: police infiltrée par le Black Bloc ou le contraire". Web.

[402] Susan George e Martin Wolf, *La Mondialisation libérale* (Paris: Bernard Grasset-Les Échos, 2002), 166. Grifo nosso.

[403] Murray Dobbin, "Is this what a police state looks like?", *rabble.ca*, 30 de junho de 2010. Web. Grifos nossos.

[404] Franco Fracassi, *Black Bloc: Viaggio nel pianeta nero* (Lecco: Studio, 2011), 81–82.

[405] Fracassi, *Black Bloc*, 136.

[406] Agence France Presse, "G20 de Cannes: opération anti "black blocs" à la frontière franco-italienne", *Le Point*, 28 de outubro de 2011. Web.

[407] "Les altermondialistes défilent à Nice contre le G20", *Le Figaro*, 1º de novembro de 2011. Web.

[408] Haroon Siddique, "G8 summit protest: riot police arrest 57 in raid of London HQ", *The Guardian*, 12 de junho de 2013. Web.

[409]Donatella della Porta e Lorenzo Zamponi, "Protest and policing on October 15th, global day of action: The Italian case", *Policing and Society* 23, no. 1 (2013): 67.

[410]Gerry McNeilly, *Policing the Right to Protest: G20 Systemic Review Report, Toronto, Office of the Independent Police Review Director*, 2012, v.

[411]McNeilly, *Policing the Right to Protest*, v, ix.

[412]TPS, G20 *Summit.* Ver também Ombudsman Ontario, "Caught in the Act: Investigation into the Ministry of Community Safety and Correctional Services, Conduct in Relation to Ontario Regulation 233/10 under the Public Works Protection Act", Toronto, dezembro de 2010. Web. Ver também Organization of American States, International Commission of Human Rights, "Document en soutien à l'audience générale portant sur la situation des libertés d'expression, de réunion et d'association au Canada, de même que le droit à la liberté, à la sécurité et à l'intégrité de la personne", Washington, 25 de outubro de 2010. Web.

[413]Rob Evans e Paul Lewis, "Political activists sue MET over relationship with police spies", *The Guardian*, 21 de novembro de 2012. Web. Ver também Amelia Hill, "Former spy Mark Kennedy sues police for 'failing to stop him falling in love' ", *The Guardian*, 25 de novembro de 2012. Web.

[414]Her Majesty's Inspectorate of Constabulary (HMIC), *A Review of National Police Units Which Provide Intelligence on Criminality Associated with Protest* (Londres: HMIC, 2012), 26. Web.

[415]Camille Polloni, "Mark Kennedy: la taupe de Tarnac", *Les Inrockuptibles*, 13 de março de 2012. Web.

[416]Pierre Hazan, "À Genève, fureur autour des policiers-casseurs: visages masqués, ils ont pénétré dans un des lieux de la contestation et s'en sont pris à des non-violents", *Libération*, 3 de junho de 2003.

[417]Brian Myles, "Agents de la SQ pris en 'flagrant délit'", *Le Devoir* (Montreal), 14 de março de 2009.

[418]Entrevista do autor com BB2. Sobre o tema de policiais infiltrados, agentes provocadores e táticas policiais, ver Olivier Fillieule, *Stratégies de la rue: les manifestations en France* (Paris: Presses de sciences Po, 1997), 340–52; J.-P Brunet, *La police de l'ombre: indicateurs et provocateurs dans la France contemporaine* (Paris: Seuil, 1990); G.T Marx, "Thoughts on a neglected category of social movement participant:

The agent provocateur and the informant", *American Journal of Sociology* 80 (1974): 404–29; Victor Serge, *Ce que tout révolutionnaire doit savoir de la repression* (Paris: Maspero, [1925]1977), 9–32; e uma entrevista muito reveladora com um agente policial que se infiltrou nos círculos "autônomos" na Europa, em *Le Nouvel Observateur*, 24 de janeiro de 1983.

[419]Victor Serge, "Agents provocateurs", reimpresso em Serge, *Le Rétif: Articles parus dans "L'Anarchie" 1909–1912*, ed. Yves Pagès (Paris: Librairie Monnier, 1989), 209–10.

[420]Durante as manifestações em Tessalônica contra a Cúpula da UE em junho de 2003, militantes comunistas também espalharam os boatos de que os anarquistas eram agentes do Estado. Ver "What I do for a living... or how I came to be a victim of Molotov cocktail friendly fire and lived to tell the tale", *Rolling Thunder* 1 (2005): 52.

[421]Uma questão discutida em Ruth Kinna, *Anarchism* (Oxford: Oneworld, 2005), 204.

[422]Dupuis-Déri, *À qui la rue?*

[423]Ver *Berlusconi's Mousetrap*, dir. Eamonn Crudden, prod. Indymedia.ie (2002). O filme pode ser visto em //vimeo.com/8672001.

[424]Patrick F Gillham e Gary T Marx, "Complexity and irony in policing and protesting: The World Trade Organization in Seattle", *Social Justice* 27, no. 2 (2000): 212–36.

[425]Karen Pearlston, "APEC Days at UBC: Student Protests and National Security in an Era of Trade Liberation", em *Whose National Security? Canadian State Surveillance and the Creation of Enemies*, ed. Gary Kinsman, Dieter K Buse e Mercedes Steedman (Toronto: Between the Lines, 2000), 268.

[426]J.A Frank, "La dynamique des manifestations violentes", *Revue canadienne de science politique* 17, no. 2 (junho de 1984): 325–49.

[427]Dupuis-Déri, *À qui la rue?*

[428]Outros estudos trouxeram à tona a importância de examinar a repressão policial em níveis local e municipal. Ver Alex S Vitale, "The command and control and Miami models at the 2004 Republican National Convention: New forms of policing protests", *Mobilization* 12, no. 4 (2007): 403–15; e David Waddington e Mike King, "The impact of the local: Police public-order strategies during the G8 Justice and home affairs ministerial meetings", *Mobilization* 12, no. 4 (2007): 417–30.

[429]Patrick Rafail, "Asymmetry in Protest Control? Comparing Protest Policing in Montreal, Toronto, and Vancouver", *Mobilization* 15,

no. 4 (2010): 489–509. Ver também Frank, "La dynamique des manifestations violentes".

[430]Randy Borum e Chuck Tilby, "Anarchist direct actions: A challenge for law enforcement", *Studies in Conflict and Terrorism* 28 (2005): 201–23.

[431]Luis A Fernandez, *Policing Dissent: Social Control and the Anti-Globalization Movement* (New Brunswick: Rutgers University Press, 2008), 156ff; Michael Rosie e Hugo Gorringe, " 'The anarchists' World Cup': Respectable protest and media panics", *Social Movement Studies* 8, no. 1 (2009): 35–53.

[432]Em Fernandez, *Policing Dissent*, 158.

[433]Chris Greenwood, "Black Bloc: Name of the sinister group plotting to sabotage Baroness Thatcher's funeral with 're-enactment' of poll-tax riots'", *Mail Online*, 11 de abril de 2013. O jornal se refere aos protestos conhecidos como "poll-tax riots", que aconteceram na Inglaterra no final dos anos 80 e início dos ano 90, quando Margareth Thatcher criou um imposto por habitante, ou seja um valor fixo a despeito da renda de cada cidadão. Ainda que criticadas por diversas organizações de esquerda, por causa de sua violência, as manifestações provocaram a queda de Thatcher.

[434]Integrated Security Unit Joint Intelligence Group, 2010 G8 Summit, *Intelligence Report*, 3 de junho de 2009, 6–7.

[435]Para mais referências ao anarquismo, dessa vez em um documento do Canandian Security Intelligence Service (CSIS), ver *Report No. 2000/08: Anti-Globalization—A Spreading Phenomenon*. Web.

[436]Jeffrey Monaghan e Kevin Walby, " 'They attacked the city': Security intelligence, the sociology of protest policing, and the anarchist threat at the 2010 Toronto G20 summit", *Current Sociology* 60, no. 5 (2012): 658. Ver também Monaghan e Walby, "Making up 'terror identities': Security intelligence, Canada's integrated threat assessment center, and social movement sup- pression", *Policing and Society* 22, no. 2 (2012): 133–51.

[437]Monaghan e Walby, " 'They attacked the city' ", 662.

[438]Monaghan e Walby, " 'They attacked the city' ", 658.

[439]Monaghan e Walby, " 'They attacked the city' ", 664.

[440]*Le Figaro*, 14 de setembro de 2001, 20, citado em "Haro sur l'ennemi intérieur: 'l'antimondialisme' ", 23 de agosto de 2002. Web.

[441]Giorgio Agamben e Yildune Lévy, "Le secret le mieux gardé de l'affaire de Tarnac", *Le Monde*, 15 de novembro de 2012, 29.

[442]Uma parte interessante desse incidente foi que, dentre os 5 mil livros de um dos *anarcho-autonomes* presos, 27 foram considerados suspeitos pelos investigadores, incluindo a edição francesa deste livro. Ver Gaël Cogne, "Les livres de Coupat sur PV", *Libération*, 21 de abril de 2009.

[443]Marc Thibodeau, "Ce sera le procès de l'antiterrorisme français", *La Presse*, 10 de novembro de 2012, A26.

[444]Olivier Cahn, "La répression des 'black blocs,' prétexte à la domestication de la rue protestataire", *Archives de politique criminelle* 32 (2010): 168.

[445]Antoine Roger, "Syndicalistes et poseurs de bombes: Modalités du recours à la violence dans la construction des 'intérêts' vitivinicoles' languedociens", *Cultures et Conflits* 81–82 (2011).

[446]*Le Figaro*, 14 de setembro de 2001, 20, citado em "Haro sur l'ennemi intérieur".

[447]Cahn, "La répression des 'black blocs' ".

[448]*EU Definition of Terrorism: Anarchists to Be Targeted as (Terrorists) Alongside al Qaida*, análise do State Watch no. 10, visite database.statewatch. org/article.asp?aid=6385.

[449]Louis J Freeh, *Threat of Terrorism to the United States, report submitted to the Senate Select Committee on Intelligence*, 10 de maio de 2001; Dale L Watson, *Threat of Terrorism to the United States*, relatório apresentado ao Comitê Seleto de Inteligência do Senado, 6 de abril de 2002.

[450]Conselho da União Europeia, Note 5712/02 ENFOPOL 18, 29 de janeiro 2002. Visite statewatch.org/news/2002/feb/05712.pdf. Grifos nossos. Note que, para evitar ambiguidades, o comitê define esses atos como infrações ao primeiro artigo do "Council Framework Decision on combating terrorism". Visite //goo.gl/FRpSml

[451]Francesco Alberti, "Maroni: in Val di Susa tentato omicidio", *Courriere Della Serra*, 5 de julho de 2011, 1.

[452]Citado em "Haro sur l'ennemi intérieur".

[453]Michelle Malkin, "Invasion of the anarchists: The 'anti-capitalist conver-

[454]*Figaro Magazine*, 6 de outubro de 2001.

[455]Sobre a cobertura da mídia das manifestações, ver Andrea M Langlois, "Mediating transgressions: The global justice movement and Canadian news media", tese de Master, Universidade Concórdia, Montreal, 2004. Sobre a equivalência entre a "violência" de manifestantes aos islâmicos radicais, ver Leo Panitch, "Violence as a tool of

260

order and change: The war on terrorism and the anti-globalization movement," Monthly Review, 54, no. 2 (2002). Web.

[456]Tim Dunne, "Anarchistes et Al-Qaeda", La Presse, 8 de julho de 2005, A23. Para outras fontes desse tipo de discurso, ver Dupuis-Déri, "Broyer du noir: Manifestations et repression policière au Québec", Les ateliers de l'éthique 1, no. 1 (2006): 58–80. Web. Ver também uma versão atualizada em Dupuis-Déri, ed., À qui la rue?

[457]"Black Bloc anarchists emerge", BBC, February 1, 2013. Web.

[458]Donatella della Porta e Sidney Tarrow, "After Genoa and New York: The antiglobal movement, the police, and terrorism", Social Science Research Council (Winter 2001). Web. Ver também Berlusconi's Mousetrap.

[459]TPS After-Action Review, G20 Summit, 62.

[460]Ver as edições de 6 de julho de Corriere della Serra, 19, e Repubblica, 18.

[461]Para um bom exemplo dessa tática policial, ver o acompanhamento fotográfico do artigo de Raymond Gervais e Sébastien Rodrigue, "Manifestation antimondialisation: la police exhibe le matériel saisi hier", La Presse, 28 de abril de 2002.

[462]Jill Mahoney, " 'Weapons' seized in G20 arrests not what they seem", Globe and Mail (Toronto), 29 de junho de 2010. Web.

[463]David Graeber, "On the phenomenology of giant puppets: Broken Windows, Imaginary Jars of Urine, and the Cosmological Role of the Police in American Culture", em Graeber, Possibilities: Essays on Hierarchy, Rebellion, and Desire (Oakland: AK, 2007), 388–89.

[464]Visite wdm.org.uk.

[465]Ver a foto em Toronto Star, 1º de julho de 2010, GT2.

[466]Mawashi, "Law Enforcement". Web.

[467]Visite policeordnance.com. Note que as passagens referidas não aparecem mais no site da empresa.

[468]Daniel Dylan Young, "Autonomia and the Origin of the Black Bloc". Web.

[469]Autonomous University Collective, "Who is the Black Bloc? Where is the Black Bloc?", em Springtime: The New Student Rebellions, ed. Clare Solomon e Tania Palmieri (Londres: Verso, 2011), 130.

Adverte-se aos curiosos que se imprimiu este livro na gráfica Vida & Consciência, em 26 de março de 2014, em tipologia Libertine, com diversos sofwares livres, entre eles, LuaLATEX, git & ruby.